はじめに

特許法等の一部を改正する法律（平成二十六年法律第三十六号）は、五月十四日に公布され、公布の日から、起算して一年を超えない範囲内において政令で定める日から施行されます。内容として、①救済措置の拡充②特許異議の申立て制度の創設③意匠の国際登録に関するハーグ協定のジュネーブ改正協定を適切に実施するための規定の整備④商標法の保護対象の拡充等⑤特許協力条約に基づく国際出願に係る特許庁への手数料納付手続きの見直し⑥弁理士の使命の明確化及び業務の拡充を旨とする改正が行われます。

著作権法の一部を改正する法律（平成二十六年法律第三十五号）は、五月十四日に公布され、平成二十七年一月一日から施行されます。内容として、①保護を受ける実演に関する規定②出版権に係る規定の改正が行われます。

また、行政不服審査法の施行に伴う関係法律の整備等に関する法律（平成二十六年法律第六十九号）や、会社法の一部を改正する法律の施行に伴う関係法律の整備等に関する法律（平成二十六年法律第九十一号）、特定農林水産物等の名称の保護に関する法律（平成二十六年法律第八十四号）などにより、知的財産権に関連する法律もそれぞれ改正されております。

本書は、当該改正による変更箇所が一目でわかるよう、改正前と改正後を上下に並べて分かりやすくしております。

…権を取り巻く条約にも変化があります。千九百七十九年九月二十八日に修正された千九百六十八年十月…カルノで署名された意匠の国際分類を定めるロカルノ協定（平成二十六年条約十号）、意匠の国際登録に…グ協定のジュネーブ改正協定、視聴覚的実演に関する北京条約について、今国会での審議が終わり、公…を待つのみとなっています。

…な制度調和の観点を踏まえ、五つの法律改正、三つの条約加盟により、知的財産権を巡る状況も大きく変…しています。本書が皆様のご理解の一助となれば幸いです。

…十六年八月

一般社団法人　発明推進協会

目　次

特許法等の一部を改正する法律

（平成二十六年五月十四日、法律第三十六号）

○特許法（第一条関係）

改正	現行
目次 第一章　総則（第一条―第二八条） 第二章　特許及び特許出願（第二九条―第四六条の二） 第三章　審査（第四七条―第六三条） 第三章の二　出願公開（第六四条―第六五条） 第四章　特許権 第一節　特許権（第六六条―第九九条） 第二節　権利侵害（第一〇〇条―第一〇六条） 第三節　特許料（第一〇七条―第一一二条の三） 第五章　特許異議の申立て（第一一三条―第一二〇条の八） 第六章　審判（第一二一条―第一七〇条） 第七章　再審（第一七一条―第一七七条） 第八章　訴訟（第一七八条―第一八四条の二） 第九章　特許協力条約に基づく国際出願に係る特例（第一八四条の三―第一八四条の二〇） 第一〇章　雑則（第一八五条―第一九五条の四） 第一一章　罰則（第一九六条―第二〇四条） 附則 （法人でない社団等の手続をする能力） 第六条　法人でない社団又は財団であつて、代表者又は管理人の定めがあるものは、その名において次に掲げる手続をすることができる。	目次 第一章　総則（第一条―第二八条） 第二章　特許及び特許出願（第二九条―第四六条の二） 第三章　審査（第四七条―第六三条） 第三章の二　出願公開（第六四条―第六五条） 第四章　特許権 第一節　特許権（第六六条―第九九条） 第二節　権利侵害（第一〇〇条―第一〇六条） 第三節　特許料（第一〇七条―第一一二条の三） 第五章　削除 第六章　審判（第一二一条―第一七〇条） 第七章　再審（第一七一条―第一七七条） 第八章　訴訟（第一七八条―第一八四条の二） 第九章　特許協力条約に基づく国際出願に係る特例（第一八四条の三―第一八四条の二〇） 第一〇章　雑則（第一八五条―第一九五条の四） 第一一章　罰則（第一九六条―第二〇四条） 附則 （法人でない社団等の手続をする能力） 第六条　法人でない社団又は財団であつて、代表者又は管理人の定めがあるものは、その名において次に掲げる手続をすることができる。

一　（略）
二　特許異議の申立てをすること。
三・四　（略）
2　（略）

（未成年者、成年被後見人等の手続をする能力）
第七条　（略）
2・3　（略）
4　被保佐人又は法定代理人が、その特許権に係る特許異議の申立て又は相手方が請求した審判若しくは再審について手続をするときは、前二項の規定は、適用しない。

（手続の補正）
第一七条　手続をした者は、事件が特許庁に係属している場合に限り、その補正をすることができる。ただし、次条から第十七条の五までの規定により補正をすることができる場合を除き、願書に添付した明細書、特許請求の範囲、図面若しくは要約書、第四十一条第四項若しくは第四十三条第一項（第四十三条の二第二項（第四十三条の三第三項において準用する場合を含む。）及び第四十三条の三第三項において準用する場合を含む。）に規定する書面又は第百二十条の五第二項若しくは第百三十四条の二第一項の訂正若しくは訂正審判の請求書に添付した訂正した明細書、特許請求の範囲若しくは図面について補正をすることができない。
2～4　（略）

（願書に添付した明細書、特許請求の範囲又は図面の補正）
第一七条の二　特許出願人は、特許をすべき旨の査定の謄本の送

一　（略）
二・三　（略）
2　（略）

（未成年者、成年被後見人等の手続をする能力）
第七条　（略）
2・3　（略）
4　被保佐人又は法定代理人が、相手方が請求した審判又は再審について手続をするときは、前二項の規定は、適用しない。

（手続の補正）
第一七条　手続をした者は、事件が特許庁に係属している場合に限り、その補正をすることができる。ただし、次条から第十七条の四までの規定により補正をすることができる場合を除き、願書に添付した明細書、特許請求の範囲、図面若しくは要約書又は第百三十四条の二第一項の訂正若しくは訂正審判の請求書に添付した訂正した明細書、特許請求の範囲若しくは図面について補正をすることができない。
2～4　（略）

（願書に添付した明細書、特許請求の範囲又は図面の補正）
第一七条の二　特許出願人は、特許をすべき旨の査定の謄本の送

達前においては、願書に添付した明細書、特許請求の範囲又は図面について補正をすることができる。ただし、第五十条の規定による通知を受けた後は、次に掲げる場合に限り、補正をすることができる。

一　第五十条（第百五十九条第二項（第百七十四条第二項において準用する場合を含む。）及び第百六十三条第二項において準用する場合を含む。以下この項において同じ。）の規定による通知（以下この条において「拒絶理由通知」という。）を最初に受けた場合において、第五十条の規定により指定された期間内にするとき。

二～四　（略）

2～6　（略）

（要約書の補正）

第十七条の三　特許出願人は、経済産業省令で定める期間内に限り、願書に添付した要約書について補正をすることができる。

達前においては、願書に添付した明細書、特許請求の範囲又は図面について補正をすることができる。ただし、第五十条の規定による通知を受けた後は、次に掲げる場合に限り、補正をすることができる。

一　第五十条（第百五十九条第二項（第百七十四条第一項において準用する場合を含む。）及び第百六十三条第二項において準用する場合を含む。以下この項において同じ。）の規定による通知（以下この条において「拒絶理由通知」という。）を最初に受けた場合において、第五十条の規定により指定された期間内にするとき。

二～四　（略）

2～6　（略）

（要約書の補正）

第十七条の三　特許出願人は、特許出願の日（第四十一条第一項の規定による優先権の主張を伴う特許出願にあつては、同項に規定する先の出願の日、第四十三条第一項又は第四十三条の二第一項若しくは第二項の規定による優先権の主張を伴う特許出願にあつては、最初の出願若しくはパリ条約（千九百年十二月十四日にブラッセルで、千九百十一年六月二日にワシントンで、千九百二十五年十一月六日にヘーグで、千九百三十四年六月二日にロンドンで、千九百五十八年十月三十一日にリスボンで及び千九百六十七年七月十四日にストックホルムで改正された工業所有権の保護に関する千八百八十三年三月二十日のパリ条約をいう。以下同じ。）第四条C(4)の規定により最初の出願とみなされた出願又は同条A(2)の規定により最初の出願と認められた出願の日、第四十一条第一項、第四十三条第一項又は第四十三条の二第一項若しくは第二項の規定による二以上の優先

（優先権主張書面の補正）

第一七条の四　第四十一条第一項又は第四十三条第一項、第四十三条の二第一項（第四十三条の三第三項において準用する場合を含む。）若しくは第四十三条の三第一項若しくは第二項の規定による優先権の主張をした者は、経済産業省令で定める期間内に限り、第四十一条第四項又は第四十三条第一項（第四十三条の二第二項（第四十三条の三第三項において準用する場合を含む。）及び第四十三条の三第三項において準用する場合を含む。）に規定する書面について補正をすることができる。

（訂正に係る明細書、特許請求の範囲又は図面の補正）

第一七条の五　特許権者は、第百二十条の五第一項又は第六項の規定により指定された期間内に限り、同条第二項の訂正の請求書に添付した訂正した明細書、特許請求の範囲又は図面について補正をすることができる。

２・３　（略）

第二三条　特許庁長官又は審判官は、中断した審査、特許異議の申立てについての審理及び決定、審判又は再審の手続を受け継ぐべき者が受継を怠つたときは、申立てにより又は職権で、相当の期間を指定して、受継を命じなければならない。

２・３　（略）

権の主張を伴う特許出願にあつては、当該優先権の主張の基礎とした出願の日のうち最先の日。第三十六条の二第二項本文及び第六十四条第一項において同じ。）から一年三月以内（出願公開の請求があつた後を除く。）に限り、願書に添付した要約書について補正をすることができる。

（訂正に係る明細書、特許請求の範囲又は図面の補正）

第一七条の四

１・２　（略）

第二三条　特許庁長官又は審判官は、中断した審査、審判又は再審の手続を受け継ぐべき者が受継を怠つたときは、申立てにより又は職権で、相当の期間を指定して、受継を命じなければならない。

２・３　（略）

第二四条　民事訴訟法第百二十四条（第一項第六号を除く。）、第百二十六条、第百二十八条第一項、第百三十条、第百三十一条及び第百三十二条第二項（訴訟手続の中断及び中止）の規定は、審査、特許異議の申立てについての審理及び決定、審判又は再審の手続に準用する。この場合において、同法第百二十四条第二項中「訴訟代理人」とあるのは「審査、特許異議の申立てについての審理及び決定、審判又は再審の委任による代理人」と、同法第百二十七条中「裁判所」とあるのは「特許庁長官又は審判長」と、同法第百二十八条第一項及び第百三十一条中「裁判所」とあるのは「特許庁長官又は審判官」と、同法第百三十条中「裁判所」とあるのは「特許庁」と読み替えるものとする。

（特許証の交付）

第二八条　特許庁長官は、特許権の設定の登録があつたとき、第七十四条第一項の規定による請求に基づく特許権の移転の登録があつたとき、又は願書に添付した明細書、特許請求の範囲若しくは図面の訂正をすべき旨の決定若しくは審決が確定した場合において、その登録があつたときは、特許権者に対し、特許証を交付する。

2　（略）

（発明の新規性の喪失の例外）

第三〇条　（略）

2　（略）

3　前項の規定の適用を受けようとする者は、その旨を記載した書面を特許出願と同時に特許庁長官に提出し、かつ、第二十九条第一項各号のいずれかに該当するに至つた発明が前項の規定

第二四条　民事訴訟法第百二十四条（第一項第六号を除く。）、第百二十六条、第百二十八条第一項、第百三十条、第百三十一条及び第百三十二条第二項（訴訟手続の中断及び中止）の規定は、審査、審判又は再審の手続に準用する。この場合において、同法第百二十四条第二項中「訴訟代理人」とあるのは「審査、審判又は再審の委任による代理人」と、同法第百二十七条中「裁判所」とあるのは「特許庁長官又は審判長」と、同法第百二十八条第一項及び第百三十一条中「裁判所」とあるのは「特許庁長官又は審判官」と、同法第百三十条中「裁判所」とあるのは「特許庁」と読み替えるものとする。

（特許証の交付）

第二八条　特許庁長官は、特許権の設定の登録があつたとき、第七十四条第一項の規定による請求に基づく特許権の移転の登録があつたとき、又は願書に添付した明細書、特許請求の範囲若しくは図面の訂正をすべき旨の審決が確定した場合において、その登録があつたときは、特許権者に対し、特許証を交付する。

2　（略）

（発明の新規性の喪失の例外）

第三〇条　（略）

2　（略）

3　前項の規定の適用を受けようとする者は、その旨を記載した書面を特許出願と同時に特許庁長官に提出し、かつ、第二十九条第一項各号のいずれかに該当するに至つた発明が前項の規定

の適用を受けることができる発明であることを証明する書面（次項において「証明書」という。）を特許出願の日から三十日以内に特許庁長官に提出しなければならない。

4　証明書を提出する者がその責めに帰することができない理由により前項に規定する期間内に証明書を提出することができないときは、同項の規定にかかわらず、その理由がなくなつた日から十四日（在外者にあつては、二月）以内でその期間の経過後六月以内にその証明書を特許庁長官に提出することができる。

第三十六条の二（略）

2　前項の規定により外国語書面及び外国語要約書面を願書に添付した特許出願（以下「外国語書面出願」という。）の出願人は、その特許出願の日（第四十一条第一項の規定による優先権の主張を伴う特許出願にあつては、同項に規定する先の出願の日、第四十三条第一項、第四十三条の二第一項（第四十三条の三第三項において準用する場合を含む。）又は第四十三条の三第一項若しくは第二項の規定による優先権の主張を伴う特許出願にあつては、最初の出願若しくはパリ条約（千九百年十二月十四日にブラッセルで、千九百十一年六月二日にワシントンで、千九百二十五年十一月六日にヘーグで、千九百三十四年六月二日にロンドンで、千九百五十八年十月三十一日にリスボンで及び千九百六十七年七月十四日にストックホルムで改正された工業所有権の保護に関する千八百八十三年三月二十日のパリ条約をいう。以下同じ。）第四条C(4)の規定により最初の出願とみなされた出願又は同条A(2)の規定により最初の出願と認められた出願の日、第四十一条第一項、第四十三条第一項、第四十三条の二第一項（第四十三条の三第三項において準用する場合を

の適用を受けることができる発明であることを証明する書面を特許出願の日から三十日以内に特許庁長官に提出しなければならない。

第三十六条の二（略）

2　前項の規定により外国語書面及び外国語要約書面を願書に添付した特許出願（以下「外国語書面出願」という。）の出願人は、その特許出願の日から一年二月以内に外国語書面及び外国語要約書面の日本語による翻訳文を、特許庁長官に提出しなければならない。ただし、当該外国語書面出願が第四十四条第一項の規定による特許出願の分割に係る新たな特許出願、第四十六条第一項若しくは第二項の規定による出願の変更に係る特許出願又は第四十六条の二第一項の規定による実用新案登録に基づく特許出願である場合にあつては、本文の期間の経過後であつても、その特許出願の分割、出願の変更又は実用新案登録に基づく特許出願の日から二月以内に限り、外国語書面及び外国語要約書面の日本語による翻訳文を提出することができる。

含む。）又は第四十三条の三第一項若しくは第二項の規定による二以上の優先権の主張を伴う特許出願にあつては、当該優先権の主張の基礎とした出願の日のうち最先の日。第六十四条第一項において同じ。）から一年二月以内に外国語書面及び外国語要約書面の日本語による翻訳文を、特許庁長官に提出しなければならない。ただし、当該外国語書面出願が第四十四条第一項の規定による特許出願の分割に係る新たな特許出願、第四十六条第一項若しくは第二項の規定による出願の変更に係る特許出願又は第四十六条の二第一項の規定による実用新案登録に基づく特許出願である場合にあつては、本文の期間の経過後であつても、その特許出願の分割、出願の変更又は実用新案登録に基づく特許出願の日から二月以内に限り、外国語書面及び外国語要約書面の日本語による翻訳文を提出することができる。

3〜6 （略）

（先願）

第三九条 （略）

2・3 （略）

4 特許出願に係る発明と実用新案登録出願に係る考案とが同一である場合（第四十六条の二第一項の規定による実用新案登録に基づく特許出願（第四十四条第二項（第四十六条第六項において準用する場合を含む。）の規定により当該特許出願の時にしたものとみなされるものを含む。）に係る発明とその実用新案登録に係る考案とが同一である場合を除く。）において、その特許出願及び実用新案登録出願が同日にされたものであるときは、出願人の協議により定めた一の出願人のみが特許又は実用新案登録を受けることができる。協議が成立せず、又は協議

3〜6 （略）

（先願）

第三九条 （略）

2・3 （略）

4 特許出願に係る発明と実用新案登録出願に係る考案とが同一である場合（第四十六条の二第一項の規定による実用新案登録に基づく特許出願（第四十四条第二項（第四十六条第五項において準用する場合を含む。）の規定により当該特許出願の時にしたものとみなされるものを含む。）に係る発明とその実用新案登録に係る考案とが同一である場合を除く。）において、その特許出願及び実用新案登録出願が同日にされたものであるときは、出願人の協議により定めた一の出願人のみが特許又は実用新案登録を受けることができる。協議が成立せず、又は協議

をすることができないときは、特許出願人は、その発明について特許を受けることができない。

5〜7　（略）

（特許出願等に基づく優先権主張）

第四十一条　特許を受けようとする者は、次に掲げる場合を除き、その特許出願に係る発明について、その者が特許又は実用新案登録を受ける権利を有する特許出願又は実用新案登録出願であつて先にされたもの（以下「先の出願」という。）の願書に最初に添付した明細書、特許請求の範囲若しくは実用新案登録請求の範囲又は図面（先の出願が外国語書面出願である場合にあつては、外国語書面）に記載された発明に基づいて優先権を主張することができる。ただし、先の出願について仮専用実施権を有する者があるときは、その特許出願の際に、その承諾を得ている場合に限る。

一　その特許出願が先の出願の日から一年以内にされたものでない場合（その特許出願を先の出願の日から一年以内にすることができなかつたことについて正当な理由がある場合であつて、かつ、その特許出願が経済産業省令で定める期間内にされたものである場合を除く。）

二〜五　（略）

2　前項の規定による優先権の主張を伴う特許出願に係る発明のうち、当該優先権の主張の基礎とされた先の出願の願書に最初に添付した明細書、特許請求の範囲若しくは実用新案登録請求の範囲又は図面（当該先の出願が外国語書面出願である場合にあつては、外国語書面）に記載された発明（当該先の出願が同項若しくは実用新案法第八条第一項の規定による優先権の主張又は第四十三条第一項、第四十三条の二第一項（第四十三条の

をすることができないときは、特許出願人は、その発明について特許を受けることができない。

5〜7　（略）

（特許出願等に基づく優先権主張）

第四十一条　特許を受けようとする者は、次に掲げる場合を除き、その特許出願に係る発明について、その者が特許又は実用新案登録を受ける権利を有する特許出願又は実用新案登録出願であつて先にされたもの（以下「先の出願」という。）の願書に最初に添付した明細書、特許請求の範囲若しくは実用新案登録請求の範囲又は図面（先の出願が外国語書面出願である場合にあつては、外国語書面）に記載された発明に基づいて優先権を主張することができる。ただし、先の出願について仮専用実施権を有する者があるときは、その特許出願の際に、その承諾を得ている場合に限る。

一　その特許出願が先の出願の日から一年以内にされたものでない場合

二〜五　（略）

2　前項の規定による優先権の主張を伴う特許出願に係る発明のうち、当該優先権の主張の基礎とされた先の出願の願書に最初に添付した明細書、特許請求の範囲若しくは実用新案登録請求の範囲又は図面（当該先の出願が外国語書面出願である場合にあつては、外国語書面）に記載された発明（当該先の出願が同項若しくは実用新案法第八条第一項の規定による優先権の主張又は第四十三条第一項若しくは第四十三条の二第一項若しくは

三第三項において準用する場合を含む。）若しくは第四十三条の三第一項若しくは第二項（これらの規定を同法第十一条第一項において準用する場合を含む。）の規定による優先権の主張を伴う出願である場合には、当該先の出願についての優先権の主張の基礎とされた出願に係る出願の際の書類（明細書、特許請求の範囲若しくは実用新案登録請求の範囲又は図面に相当するものに限る。）に記載された発明を除く。）についての第二十九条、第二十九条の二本文、第三十条第一項及び第二項、第三十九条第一項から第四項まで、第六十九条第二項第二号、第七十二条、第七十九条、第八十一条、第八十二条第一項、第百四条（第六十五条第六項（第百八十四条の十第二項において準用する場合を含む。）において準用する場合を含む。）並びに第百二十六条第七項（第十七条の二第六項、第百二十条の五第九項及び第百三十四条の二第九項において準用する場合を含む。）、同法第七条第三項及び第十七条、意匠法第二十六条、第三十一条第二項及び第三十二条第二項並びに商標法（昭和三十四年法律第百二十七号）第二十九条並びに第三十三条の二第一項及び第三十三条の三第一項（これらの規定を同法第六十八条第三項において準用する場合を含む。）の規定の適用については、当該特許出願は、当該先の出願の時にされたものとみなす。

3　第一項の規定による優先権の主張を伴う特許出願の願書に最初に添付した明細書、特許請求の範囲又は図面（外国語書面出願にあつては、外国語書面）に記載された発明のうち、当該優先権の主張の基礎とされた先の出願の願書に最初に添付した明細書、特許請求の範囲若しくは実用新案登録請求の範囲又は図面（当該先の出願が外国語書面出願である場合にあつては、外国語書面）に記載された発明（当該先の出願が同項若しくは実

第二項（同法第十一条第一項において準用する場合を含む。）の規定による優先権の主張を伴う出願である場合には、当該先の出願についての優先権の主張の基礎とされた出願に係る出願の際の書類（明細書、特許請求の範囲若しくは実用新案登録請求の範囲又は図面に相当するものに限る。）に記載された発明を除く。）についての第二十九条、第二十九条の二本文、第三十条第一項及び第二項、第三十九条第一項から第四項まで、第六十九条第二項第二号、第七十二条、第七十九条、第八十一条、第八十二条第一項、第百四条（第六十五条第六項（第百八十四条の十第二項において準用する場合を含む。）において準用する場合を含む。）並びに第百二十六条第七項（第十七条の二第六項及び第百三十四条の二第九項において準用する場合を含む。）、同法第七条第三項及び第十七条、意匠法第二十六条、第三十一条第二項及び第三十二条第二項並びに商標法（昭和三十四年法律第百二十七号）第二十九条並びに第三十三条の二第一項及び第三十三条の三第一項（同法第六十八条第三項において準用する場合を含む。）の規定の適用については、当該特許出願は、当該先の出願の時にされたものとみなす。

3　第一項の規定による優先権の主張を伴う特許出願の願書に最初に添付した明細書、特許請求の範囲又は図面（外国語書面出願にあつては、外国語書面）に記載された発明のうち、当該優先権の主張の基礎とされた先の出願の願書に最初に添付した明細書、特許請求の範囲若しくは実用新案登録請求の範囲又は図面（当該先の出願が外国語書面出願である場合にあつては、外国語書面）に記載された発明（当該先の出願が同項若しくは実

用新案法第八条第一項の規定による優先権の主張又は第四十三条第一項、第四十三条の二第一項（第四十三条の三第三項において準用する場合を含む。）若しくは第四十三条の三第一項若しくは第二項（これらの規定を同法第十一条第一項において準用する場合を含む。）の規定による優先権の主張を伴う出願である場合には、当該先の出願についての優先権の主張の基礎とされた出願に係る出願の際の書類（明細書、特許請求の範囲若しくは実用新案登録請求の範囲又は図面に相当するものに限る。）に記載された発明を除く。）については、当該特許出願について特許掲載公報の発行又は出願公開がされた時に当該先の出願について出願公開又は実用新案掲載公報の発行がされたものとみなして、第二十九条の二本文又は同法第三条の二本文の規定を適用する。

４　第一項の規定による優先権を主張しようとする者は、その旨及び先の出願の表示を記載した書面を経済産業省令で定める期間内に特許庁長官に提出しなければならない。

（先の出願の取下げ等）

第四二条　前条第一項の規定による優先権の主張の基礎とされた先の出願は、その出願の日から経済産業省令で定める期間を経過した時に取り下げたものとみなす。ただし、当該先の出願が放棄され、取り下げられ、若しくは却下されている場合、当該先の出願について査定若しくは審決が確定している場合、当該先の出願について実用新案法第十四条第二項に規定する設定の登録がされている場合又は当該先の出願に基づく全ての優先権の主張が取り下げられている場合には、この限りでない。

２　前条第一項の規定による優先権の主張を伴う特許出願の出願人は、先の出願の日から経済産業省令で定める期間を経過した

用新案法第八条第一項の規定による優先権の主張又は第四十三条第一項若しくは第四十三条の二第一項若しくは第二項（同法第十一条第一項において準用する場合を含む。）の規定による優先権の主張を伴う出願である場合には、当該先の出願についての優先権の主張の基礎とされた出願に係る出願の際の書類（明細書、特許請求の範囲若しくは実用新案登録請求の範囲又は図面に相当するものに限る。）に記載された発明を除く。）については、当該特許出願について特許掲載公報の発行又は出願公開がされた時に当該先の出願について出願公開又は実用新案掲載公報の発行がされたものとみなして、第二十九条の二本文又は同法第三条の二本文の規定を適用する。

４　第一項の規定による優先権を主張しようとする者は、その旨及び先の出願の表示を記載した書面を特許出願と同時に特許庁長官に提出しなければならない。

（先の出願の取下げ等）

第四二条　前条第一項の規定による優先権の主張の基礎とされた先の出願は、その出願の日から一年三月を経過した時に取り下げたものとみなす。ただし、当該先の出願が放棄され、取り下げられ、若しくは却下されている場合、当該先の出願について査定若しくは審決が確定している場合、当該先の出願について実用新案法第十四条第二項に規定する設定の登録がされている場合又は当該先の出願に基づくすべての優先権の主張が取り下げられている場合には、この限りでない。

２　前条第一項の規定による優先権の主張を伴う特許出願の出願人は、先の出願の日から一年三月を経過した後は、その主張を

後は、その主張を取り下げることができない。

3　前条第一項の規定による優先権の主張を伴う特許出願が先の出願の日から経済産業省令で定める期間内に取り下げられたときは、同時に当該優先権の主張が取り下げられたものとみなす。

（パリ条約による優先権主張の手続）

第四三条　パリ条約第四条D(1)の規定により特許出願について優先権を主張しようとする者は、その旨並びに最初に出願をし若しくは同条C(4)の規定により最初の出願とみなされた出願をし又は同条A(2)の規定により最初に出願をしたものと認められたパリ条約の同盟国の国名及び出願の年月日を記載した書面を経済産業省令で定める期間内に特許庁長官に提出しなければならない。

2　前項の規定による優先権の主張をした者は、最初に出願をし、若しくはパリ条約第四条C(4)の規定により最初の出願とみなされた出願をし、若しくは同条A(2)の規定により最初に出願をしたものと認められたパリ条約の同盟国の認証がある出願の年月日を記載した書面、その出願の際の書類で明細書、特許請求の範囲若しくは実用新案登録請求の範囲及び図面に相当するものの謄本又はこれらと同様な内容を有する公報若しくは証明書であつてその同盟国の政府が発行したものを次の各号に掲げる日のうち最先の日から一年四月以内に特許庁長官に提出しなければならない。

一・二　（略）

三　その特許出願が前項、次条第一項（第四十三条の三第三項において準用する場合を含む。）又は第四十三条の三第一項若しくは第二項の規定による他の優先権の主張を伴う場合における当該優先権の主張の基礎とした出願の日

取り下げることができない。

3　前条第一項の規定による優先権の主張を伴う特許出願が先の出願の日から一年三月以内に取り下げられたときは、同時に当該優先権の主張が取り下げられたものとみなす。

（パリ条約による優先権主張の手続）

第四三条　パリ条約第四条D(1)の規定により特許出願について優先権を主張しようとする者は、その旨並びに最初に出願をし若しくは同条C(4)の規定により最初の出願とみなされた出願をし又は同条A(2)の規定により最初に出願をしたものと認められたパリ条約の同盟国の国名及び出願の年月日を記載した書面を特許出願と同時に特許庁長官に提出しなければならない。

2　前項の規定による優先権の主張をした者は、最初に出願をし、若しくはパリ条約第四条C(4)の規定により最初の出願とみなされた出願をし、若しくは同条A(2)の規定により最初に出願をしたものと認められたパリ条約の同盟国の認証がある出願の年月日を記載した書面、その出願の際の書類で明細書、特許請求の範囲若しくは実用新案登録請求の範囲及び図面に相当するものの謄本又はこれらと同様な内容を有する公報若しくは証明書であつてその同盟国の政府が発行したものを次の各号に掲げる日のうち最先の日から一年四月以内に特許庁長官に提出しなければならない。

一・二　（略）

三　その特許出願が前項又は次条第一項若しくは第二項の規定による他の優先権の主張を伴う場合における当該優先権の主張の基礎とした出願の日

3〜5　（略）

6　第二項に規定する書類又は前項に規定する書面を提出する者がその責めに帰することができない理由により第二項に規定する期間内にその書類又は書面を提出することができないときは、同項又は前項の規定にかかわらず、その理由がなくなつた日から十四日（在外者にあつては、二月）以内でその期間の経過後六月以内にその書類又は書面を特許庁長官に提出することができる。

7　第一項の規定による優先権の主張をした者が前項の規定により第二項に規定する書類又は第五項に規定する書面を提出したときは、第四項の規定は、適用しない。

（パリ条約の例による優先権主張）

第四三条の二　パリ条約第四条D(1)の規定により特許出願について優先権を主張しようとしたにもかかわらず、同条C(1)に規定する優先期間（以下この項において「優先期間」という。）内に優先権の主張を伴う特許出願をすることができなかつた者は、その特許出願をすることができなかつたことについて正当な理由があり、かつ、経済産業省令で定める期間内にその特許出願をしたときは、優先期間の経過後であつても、同条の規定の例により、その特許出願について優先権を主張することができる。

2　前条の規定は、前項の規定により優先権を主張する場合に準用する。

第四三条の三　（略）

2　（略）

3〜5　（略）

（パリ条約の例による優先権主張）

第四三条の二　（略）

2　（略）

3　前二条の規定は、前二項の規定により優先権を主張する場合に準用する。

（特許出願の分割）

第四四条　（略）

2　前項の場合は、新たな特許出願は、もとの特許出願の時にしたものとみなす。ただし、新たな特許出願が第二十九条の二に規定する他の特許出願又は実用新案法第三条の二に規定する特許出願に該当する場合におけるこれらの規定の適用及び第三十条第三項の規定の適用については、この限りでない。

3　第一項に規定する新たな特許出願をする場合における第四十三条第二項（第四十三条の二第二項（前条第三項において準用する場合を含む。）及び前条第三項において準用する場合を含む。）の規定の適用については、第四十三条第二項中「最先の日から一年四月以内」とあるのは、「最先の日から一年四月又は新たな特許出願の日から三月のいずれか遅い日まで」とする。

4　第一項に規定する新たな特許出願をする場合には、もとの特許出願について提出された書面又は書類であつて、新たな特許出願について第三十条第三項、第四十一条第四項又は第四十三条第一項及び第二項（これらの規定を第四十三条の二第二項（前条第三項において準用する場合を含む。）及び前条第三項において準用する場合を含む。）の規定により提出しなければならないものは、当該新たな特許出願と同時に特許庁長官に提出されたものとみなす。

5・6　（略）

3　前条の規定は、前二項の規定により優先権を主張する場合に準用する。

（特許出願の分割）

第四四条　（略）

2　前項の場合は、新たな特許出願は、もとの特許出願の時にしたものとみなす。ただし、新たな特許出願が第二十九条の二に規定する他の特許出願又は実用新案法第三条の二に規定する特許出願に該当する場合におけるこれらの規定の適用並びに第三十条第三項、第四十一条第四項及び第四十三条第一項（前条第三項において準用する場合を含む。）の規定の適用については、この限りでない。

3　第一項に規定する新たな特許出願をする場合における第四十三条第二項（前条第三項において準用する場合を含む。）の規定の適用については、第四十三条第二項中「最先の日から一年四月以内」とあるのは、「最先の日から一年四月又は新たな特許出願の日から三月のいずれか遅い日まで」とする。

4　第一項に規定する新たな特許出願をする場合には、もとの特許出願について提出された書面又は書類であつて、新たな特許出願について第三十条第三項、第四十一条第四項又は第四十三条第一項及び第二項（前条第三項において準用する場合を含む。）の規定により提出しなければならないものは、当該新たな特許出願と同時に特許庁長官に提出されたものとみなす。

5・6　（略）

7　第一項に規定する新たな特許出願をする者がその責めに帰することができない理由により同項第二号又は第三号に規定する期間内にその新たな特許出願をすることができないときは、これらの規定にかかわらず、その理由がなくなつた日から十四日（在外者にあつては、二月）以内でこれらの規定に規定する期間の経過後六月以内にその新たな特許出願をすることができる。

（出願の変更）

第四六条　（略）

2～4　（略）

5　第一項の規定による出願の変更をする者がその責めに帰することができない理由により同項ただし書に規定する期間内にその出願の変更をすることができないとき、又は第二項の規定による出願の変更をする者がその責めに帰することができない理由により同項ただし書に規定する三年の期間内にその出願の変更をすることができないときは、これらの規定にかかわらず、その理由がなくなつた日から十四日（在外者にあつては、二月）以内でこれらの規定に規定する期間の経過後六月以内にその出願の変更をすることができる。

6　（略）

（実用新案登録に基づく特許出願）

第四六条の二　（略）

2　前項の規定による特許出願は、その願書に添付した明細書、特許請求の範囲又は図面に記載した事項が当該特許出願の基礎とされた実用新案登録の願書に添付した明細書、実用新案登録請求の範囲又は図面に記載した事項の範囲内にあるものに限

（出願の変更）

第四六条　（略）

2～4　（略）

5　（略）

（実用新案登録に基づく特許出願）

第四六条の二　（略）

2　前項の規定による特許出願は、その願書に添付した明細書、特許請求の範囲又は図面に記載した事項が当該特許出願の基礎とされた実用新案登録の願書に添付した明細書、実用新案登録請求の範囲又は図面に記載した事項の範囲内にあるものに限

り、その実用新案登録に係る実用新案登録出願の時にしたものとみなす。ただし、その特許出願が第二十九条の二に規定する他の特許出願又は実用新案法第三条の二に規定する特許出願に該当する場合におけるこれらの規定の適用並びに第三十条第三項、第三十六条の二第二項ただし書及び第四十八条の三第二項の規定の適用については、この限りでない。

3　第一項の規定による特許出願をする者がその責めに帰することができない理由により同項第一号又は第三号に規定する期間を経過するまでにその特許出願をすることができないときは、これらの規定にかかわらず、その理由がなくなつた日から十四日（在外者にあつては、二月）以内でこれらの規定に規定する期間の経過後六月以内にその特許出願をすることができる。

4・5　（略）

（出願審査の請求）

第四八条の三　（略）

2・3　（略）

4　第一項の規定により出願審査の請求をすることができる期間内に出願審査の請求がなかつたときは、この特許出願は、取り下げたものとみなす。

5　前項の規定により取り下げられたものとみなされた特許出願の出願人は、第一項に規定する期間内にその特許出願について出願審査の請求をすることができなかつたことについて正当な理由があるときは、その理由がなくなつた日から二月以内で同項に規定する期間の経過後一年以内に限り、出願審査の請求をすることができる。

り、その実用新案登録に係る実用新案登録出願の時にしたものとみなす。ただし、その特許出願が第二十九条の二に規定する他の特許出願又は実用新案法第三条の二に規定する特許出願に該当する場合におけるこれらの規定の適用並びに第三十条第三項、第三十六条の二第二項ただし書、第四十一条第四項、第四十三条第一項（第四十三条の二第三項において準用する場合を含む。）及び第四十八条の三第二項の規定の適用については、この限りでない。

3　第一項の規定による特許出願をする者がその責めに帰することができない理由により同項第三号に規定する期間を経過するまでにその特許出願をすることができないときは、同号の規定にかかわらず、その理由がなくなつた日から十四日（在外者にあつては、二月）以内でその期間の経過後六月以内にその特許出願をすることができる。

4・5　（略）

（出願審査の請求）

第四八条の三　（略）

2・3　（略）

4　第一項又は第二項の規定により出願審査の請求をすることができる期間内に出願審査の請求がなかつたときは、この特許出願は、取り下げたものとみなす。

6　前項の規定によりされた出願審査の請求は、第一項に規定する期間が満了する時に特許庁長官にされたものとみなす。

7　前三項の規定は、第二項に規定する期間内に出願審査の請求がなかつた場合に準用する。

8　第五項（前項において準用する場合を含む。以下この項において同じ。）の規定により特許出願について出願審査の請求をした場合において、その特許出願について特許権の設定の登録があつたときは、その特許出願が第四項（前項において準用する場合を含む。）の規定により取り下げられたものとみなされた旨が掲載された特許公報の発行後その特許出願について第五項の規定による出願審査の請求があつた旨が掲載された特許公報の発行前に善意に日本国内において当該発明の実施である事業をしている者又はその事業の準備をしている者は、その実施又は準備をしている発明及び事業の目的の範囲内において、その特許権について通常実施権を有する。

（既に通知された拒絶理由と同一である旨の通知）

第五〇条の二　審査官は、前条の規定により特許出願について拒絶の理由を通知しようとする場合において、当該拒絶の理由が、他の特許出願（当該特許出願と当該他の特許出願の少なくともいずれか一方に第四十四条第二項の規定が適用されたことにより当該特許出願と同時にされたこととなつているものに限る。）についての前条（第百五十九条第二項（第百七十四条第二項において準用する場合を含む。）及び第百六十三条第二項において準用する場合を含む。）の規定による通知（当該特許出願についての出願審査の請求前に当該特許出願の出願人がその内容を知り得る状態になかつたものを除く。）に係る拒絶の理由と同一であるときは、その旨を併せて通知しなければならない。

（既に通知された拒絶理由と同一である旨の通知）

第五〇条の二　審査官は、前条の規定により特許出願について拒絶の理由を通知しようとする場合において、当該拒絶の理由が、他の特許出願（当該特許出願と当該他の特許出願の少なくともいずれか一方に第四十四条第二項の規定が適用されたことにより当該特許出願と同時にされたこととなつているものに限る。）についての前条（第百五十九条第二項（第百七十四条第一項において準用する場合を含む。）及び第百六十三条第二項において準用する場合を含む。）の規定による通知（当該特許出願についての出願審査の請求前に当該特許出願の出願人がその内容を知り得る状態になかつたものを除く。）に係る拒絶の理由と同一であるときは、その旨を併せて通知しなければならない。

（訴訟との関係）

第五四条　審査において必要があると認めるときは、特許異議の申立てについての決定若しくは審決が確定し、又は訴訟手続が完結するまでその手続を中止することができる。

2　（略）

（出願公開の請求）

第六四条の二　特許出願人は、次に掲げる場合を除き、特許庁長官に、その特許出願について出願公開の請求をすることができる。

一　（略）

二　その特許出願が第四十三条第一項、第四十三条の二第一項（第四十三条の三第三項において準用する場合を含む。）又は第四十三条の三第一項若しくは第二項の規定による優先権の主張を伴う特許出願であつて、第四十三条第二項（第四十三条の二第二項（第四十三条の三第三項において準用する場合を含む。）及び第四十三条の三第三項において準用する場合を含む。）に規定する書類及び第四十三条第五項（第四十三条の二第二項（第四十三条の三第三項において準用する場合を含む。）及び第四十三条の三第三項において準用する場合を含む。）に規定する書面が特許庁長官に提出されていないものである場合

三　（略）

2　（略）

（出願公開の効果等）

第六五条　（略）

2～4　（略）

（訴訟との関係）

第五四条　審査において必要があると認めるときは、審決が確定し、又は訴訟手続が完結するまでその手続を中止することができる。

2　（略）

（出願公開の請求）

第六四条の二　特許出願人は、次に掲げる場合を除き、特許庁長官に、その特許出願について出願公開の請求をすることができる。

一　（略）

二　その特許出願が第四十三条第一項又は第四十三条の二第一項の規定による優先権の主張を伴う特許出願であつて、第四十三条第二項（第四十三条の二第三項において準用する場合を含む。）に規定する書類及び第四十三条第五項（第四十三条の二第三項において準用する場合を含む。）に規定する書面が特許庁長官に提出されていないものである場合

三　（略）

2　（略）

（出願公開の効果等）

第六五条　（略）

2～4　（略）

5　出願公開後に特許出願が放棄され、取り下げられ、若しくは却下されたとき、特許出願について拒絶をすべき旨の査定若しくは審決が確定したとき、第百十二条第六項の規定により特許権が初めから存在しなかつたものとみなされたとき（更に第百十二条の二第二項の規定により特許権が初めから存在していたものとみなされたときを除く。）、第百十四条第二項の取消決定が確定したとき、又は第百二十五条ただし書の場合を除き特許を無効にすべき旨の審決が確定したときは、第一項の請求権は、初めから生じなかつたものとみなす。

6　（略）

第六七条の二の二　（略）

2・3　（略）

4　第一項の規定により同項に規定する書面を提出する者がその責めに帰することができない理由により同項に規定する日までにその書面を提出することができないときは、同項の規定にかかわらず、その理由がなくなつた日から十四日（在外者にあつては、一月）以内で同項に規定する日の後二月以内にその書面を特許庁長官に提出することができる。

（特許権者等の権利行使の制限）

第一〇四条の三　（略）

2　（略）

3　第百二十三条第二項の規定は、当該特許に係る発明について特許無効審判を請求することができる者以外の者が第一項の規定による攻撃又は防御の方法を提出することを妨げない。

5　出願公開後に特許出願が放棄され、取り下げられ、若しくは却下されたとき、特許出願について拒絶をすべき旨の査定若しくは審決が確定したとき、第百十二条第六項の規定により特許権が初めから存在しなかつたものとみなされたとき（更に第百十二条の二第二項の規定により特許権が初めから存在していたものとみなされたときを除く。）、又は第百二十五条ただし書の場合を除き特許を無効にすべき旨の審決が確定したときは、第一項の請求権は、初めから生じなかつたものとみなす。

6　（略）

第六七条の二の二　（略）

2・3　（略）

（特許権者等の権利行使の制限）

第一〇四条の三　（略）

2　（略）

3　第百二十三条第二項ただし書の規定は、当該特許に係る発明について特許を受ける権利を有する者以外の者が第一項の規定による攻撃又は防御の方法を提出することを妨げない。

（主張の制限）

第一〇四条の四　特許権若しくは専用実施権の侵害又は第六十五条第一項若しくは第百八十四条の十第一項に規定する補償金の支払の請求に係る訴訟の終局判決が確定した後に、次に掲げる決定又は審決が確定したときは、当該訴訟の当事者であつた者は、当該終局判決に対する再審の訴え（当該訴訟を本案とする仮差押命令事件の債権者に対する損害賠償の請求を目的とする訴え並びに当該訴訟を本案とする仮処分命令事件の債権者に対する損害賠償及び不当利得返還の請求を目的とする訴えを含む。）において、当該決定又は審決が確定したことを主張することができない。

一　当該特許を取り消すべき旨の決定又は無効にすべき旨の審決

二　（略）

三　当該特許の願書に添付した明細書、特許請求の範囲又は図面の訂正をすべき旨の決定又は審決であつて政令で定めるもの

（特許料の納付期限）

第一〇八条　（略）

２・３　（略）

４　特許料を納付する者がその責めに帰することができない理由により第一項に規定する期間内にその特許料を納付することができないときは、同項の規定にかかわらず、その理由がなくなつた日から十四日（在外者にあつては、二月）以内でその期間の経過後六月以内にその特許料を納付することができる。

（主張の制限）

第一〇四条の四　特許権若しくは専用実施権の侵害又は第六十五条第一項若しくは第百八十四条の十第一項に規定する補償金の支払の請求に係る訴訟の終局判決が確定した後に、次に掲げる審決が確定したときは、当該訴訟の当事者であつた者は、当該終局判決に対する再審の訴え（当該訴訟を本案とする仮差押命令事件の債権者に対する損害賠償の請求を目的とする訴え並びに当該訴訟を本案とする仮処分命令事件の債権者に対する損害賠償及び不当利得返還の請求を目的とする訴えを含む。）において、当該審決が確定したことを主張することができない。

一　当該特許を無効にすべき旨の審決

二　（略）

三　当該特許の願書に添付した明細書、特許請求の範囲又は図面の訂正をすべき旨の審決であつて政令で定めるもの

（特許料の納付期限）

第一〇八条　（略）

２・３　（略）

（既納の特許料の返還）
第一一一条　既納の特許料は、次に掲げるものに限り、納付した者の請求により返還する。
一　（略）
二　第百十四条第二項の取消決定又は特許を無効にすべき旨の審決が確定した年の翌年以後の各年分の特許料
三　（略）
2　前項の規定による特許料の返還は、同項第一号の特許料については納付した日から一年、同項第二号及び第三号の特許料については第百十四条第二項の取消決定又は審決が確定した日から六月を経過した後は、請求することができない。
3　第一項の規定による特許料の返還を請求する者がその責めに帰することができない理由により前項に規定する期間内にその請求をすることができないときは、同項の規定にかかわらず、その理由がなくなつた日から十四日（在外者にあつては、二月）以内でその期間の経過後六月以内にその請求をすることができる。

第五章　特許異議の申立て

（特許異議の申立て）
第一一三条　何人も、特許掲載公報の発行の日から六月以内に限り、特許庁長官に、特許が次の各号のいずれかに該当することを理由として特許異議の申立てをすることができる。この場合において、二以上の請求項に係る特許については、請求項ごとに特許異議の申立てをすることができる。
一　その特許が第十七条の二第三項に規定する要件を満たして

（既納の特許料の返還）
第一一一条　既納の特許料は、次に掲げるものに限り、納付した者の請求により返還する。
一　（略）
二　特許を無効にすべき旨の審決が確定した年の翌年以後の各年分の特許料
三　（略）
2　前項の規定による特許料の返還は、同項第一号の特許料については納付した日から一年、同項第二号及び第三号の特許料については審決が確定した日から六月を経過した後は、請求することができない。

第五章　削除

第一一三条から第一二〇条まで　削除

いない補正をした特許出願（外国語書面出願を除く。）に対してされたこと。

二　その特許が第二十五条、第二十九条、第二十九条の二、第三十二条又は第三十九条第一項から第四項までの規定に違反してされたこと。

三　その特許が条約に違反してされたこと。

四　その特許が第三十六条第四項第一号又は第六項（第四号を除く。）に規定する要件を満たしていない特許出願に対してされたこと。

五　外国語書面出願に係る特許の願書に添付した明細書、特許請求の範囲又は図面に記載した事項が外国語書面に記載した事項の範囲内にないこと。

（決定）

第一一四条　特許異議の申立てについての審理及び決定は、三人又は五人の審判官の合議体が行う。

2　審判官は、特許異議の申立てに係る特許が前条各号のいずれかに該当すると認めるときは、その特許を取り消すべき旨の決定（以下「取消決定」という。）をしなければならない。

3　取消決定が確定したときは、その特許権は、初めから存在しなかつたものとみなす。

4　審判官は、特許異議の申立てに係る特許が前条各号のいずれかに該当すると認めないときは、その特許を維持すべき旨の決定をしなければならない。

5　前項の決定に対しては、不服を申し立てることができない。

（申立ての方式等）

第一一五条　特許異議の申立てをする者は、次に掲げる事項を記載した特許異議申立書を特許庁長官に提出しなければならない。

一　特許異議申立人及び代理人の氏名又は名称及び住所又は居所

二　特許異議の申立てに係る特許の表示

三　特許異議の申立ての理由及び必要な証拠の表示

2　前項の規定により提出した特許異議申立書の補正は、その要旨を変更するものであつてはならない。ただし、第百十三条に規定する期間が経過する時又は第百二十条の五第一項の規定による通知がある時のいずれか早い時までにした前項第三号に掲げる事項についてする補正は、この限りでない。

3　審判長は、特許異議申立書の副本を特許権者に送付しなければならない。

4　第百二十三条第四項の規定は、特許異議の申立てがあつた場合に準用する。

（審判官の指定等）

第一一六条　第百三十六条第二項及び第百三十七条から第百四十四条までの規定は、第百十四条第一項の合議体及びこれを構成する審判官に準用する。

（審判書記官）

第一一七条　特許庁長官は、各特許異議申立事件について審判書記官を指定しなければならない。

2　第百四十四条の二第三項から第五項までの規定は、前項の審判書記官に準用する。

（審理の方式等）

第百十八条　特許異議の申立てについての審理は、書面審理による。

2　共有に係る特許権の特許権者の一人について、特許異議の申立てについての審理及び決定の手続の中断又は中止の原因があるときは、その中断又は中止は、共有者全員についてその効力を生ずる。

（参加）

第百十九条　特許権についての権利を有する者その他特許権に関し利害関係を有する者は、特許異議の申立てについての決定があるまでは、特許権者を補助するため、その審理に参加することができる。

2　第百四十八条第四項及び第五項並びに第百四十九条の規定は、前項の規定による参加人に準用する。

（証拠調べ及び証拠保全）

第百二十条　第百五十条及び第百五十一条の規定は、特許異議の申立てについての審理における証拠調べ及び証拠保全に準用する。

（職権による審理）

第百二十条の二　特許異議の申立てについての審理においては、特許権者、特許異議申立人又は参加人が申し立てない理由についても、審理することができる。

2　特許異議の申立てについての審理においては、特許異議の申立てがされていない請求項については、審理することができない。

（申立ての併合又は分離）

第一二〇条の三　同一の特許権に係る二以上の特許異議の申立てについては、その審理は、特別の事情がある場合を除き、併合するものとする。

２　前項の規定により審理を併合したときは、更にその審理の分離をすることができる。

（申立ての取下げ）

第一二〇条の四　特許異議の申立ては、次条第一項の規定による通知があつた後は、取り下げることができない。

２　第百五十五条第三項の規定は、特許異議の申立ての取下げに準用する。

（意見書の提出等）

第一二〇条の五　審判長は、取消決定をしようとするときは、特許権者及び参加人に対し、特許の取消しの理由を通知し、相当の期間を指定して、意見書を提出する機会を与えなければならない。

２　特許権者は、前項の規定により指定された期間内に限り、願書に添付した明細書、特許請求の範囲又は図面の訂正を請求することができる。ただし、その訂正は、次に掲げる事項を目的とするものに限る。

一　特許請求の範囲の減縮

二　誤記又は誤訳の訂正

三　明瞭でない記載の釈明

四　他の請求項の記載を引用する請求項の記載を当該他の請求項の記載を引用しないものとすること。

３　二以上の請求項に係る願書に添付した特許請求の範囲の訂正

をする場合には、請求項ごとに前項の訂正の請求をすることができる。ただし、特許異議の申立てが請求項ごとにされた場合にあつては、請求項ごとに同項の訂正の請求をしなければならない。

4　前項の場合において、当該請求項の中に一の請求項の記載を他の請求項が引用する関係その他経済産業省令で定める関係を有する一群の請求項（以下「一群の請求項」という。）があるときは、当該一群の請求項ごとに当該請求をしなければならない。

5　審判長は、第一項の規定により指定した期間内に第二項の訂正の請求があつたときは、第一項の規定により通知した特許の取消しの理由を記載した書面並びに訂正の請求書及びこれに添付された訂正した明細書、特許請求の範囲又は図面の副本を特許異議申立人に送付し、相当の期間を指定して、意見書を提出する機会を与えなければならない。ただし、特許異議申立人から意見書の提出を希望しない旨の申出があるとき、又は特許異議申立人に意見書を提出する機会を与える必要がないと認められる特別の事情があるときは、この限りでない。

6　審判長は、第二項の訂正の請求が同項ただし書各号に掲げる事項を目的とせず、又は第九項において読み替えて準用する第百二十六条第五項から第七項までの規定に適合しないときは、特許権者及び参加人にその理由を通知し、相当の期間を指定して、意見書を提出する機会を与えなければならない。

7　第二項の訂正の請求がされた場合において、その特許異議申立事件において先にした訂正の請求があるときは、当該先の請求は、取り下げられたものとみなす。

8　第二項の訂正の請求は、同項の訂正の請求書に添付された訂正した明細書、特許請求の範囲又は図面について第十七条の五第一項の補正をすることができる期間内に限り、取り下げることができる。この場合において、第二項の訂正の請求を第三項又は第四項の規定により請求項ごとに又は一群の請求項ごとにしたときは、その全ての請求を取り下げなければならない。

9　第百二十六条第四項から第七項まで、第百二十七条、第百二十八条、第百三十一条第一項、第三項及び第四項、第百三十一条の二第一項、第百三十二条第三項及び第四項並びに第百三十三条第一項、第三項及び第四項の規定は、第二項の場合に準用する。この場合において、第百二十六条第七項中「第一項ただし書第一号又は第二号」とあるのは、「特許異議の申立てがされていない請求項に係る第一項ただし書第一号又は第二号」と読み替えるものとする。

（決定の方式）

第一二〇条の六　特許異議の申立てについての決定は、次に掲げる事項を記載した文書をもつて行わなければならない。

一　特許異議申立事件の番号
二　特許権者、特許異議申立人及び参加人並びに代理人の氏名又は名称及び住所又は居所
三　決定に係る特許の表示
四　決定の結論及び理由
五　決定の年月日

2　特許庁長官は、決定があつたときは、決定の謄本を特許権者、特許異議申立人、参加人及び特許異議の申立てについての審理に参加を申請してその申請を拒否された者に送達しなければならない。

(決定の確定範囲)

第一二〇条の七　特許異議の申立てについての決定は、特許異議申立事件ごとに確定する。ただし、次の各号に掲げる場合には、それぞれ当該各号に定めるところにより確定する。

一　請求項ごとに特許異議の申立てがされた場合であつて、一群の請求項ごとに第百二十条の五第二項の訂正の請求がされた場合　当該一群の請求項ごと

二　請求項ごとに特許異議の申立てがされた場合であつて、前号に掲げる場合以外の場合　当該請求項ごと

(審判の規定等の準用)

第一二〇条の八　第百三十三条、第百三十三条の二、第百三十四条第四項、第百三十五条、第百五十二条、第百六十八条、第百六十九条第三項から第六項まで及び第百七十条の規定は、特許異議の申立てについての審理及び決定に準用する。

2　第百十四条第五項の規定は、前項において準用する第百三十五条の規定による決定に準用する。

(特許無効審判)

第一二三条　特許が次の各号のいずれかに該当するときは、その特許を無効にすることについて特許無効審判を請求することができる。この場合において、二以上の請求項に係るものについては、請求項ごとに請求することができる。

一〜七　(略)

八　その特許の願書に添付した明細書、特許請求の範囲又は図面の訂正が第百二十六条第一項ただし書若しくは第五項から第七項まで(第百二十条の五第九項又は第百三十四条の二第九項において準用する場合を含む。)、第百二十条の五第二項

(特許無効審判)

第一二三条　特許が次の各号のいずれかに該当するときは、その特許を無効にすることについて特許無効審判を請求することができる。この場合において、二以上の請求項に係るものについては、請求項ごとに請求することができる。

一〜七　(略)

八　その特許の願書に添付した明細書、特許請求の範囲又は図面の訂正が第百二十六条第一項ただし書若しくは第五項から第七項まで(第百三十四条の二第九項において準用する場合を含む。)又は第百三十四条の二第一項ただし書の規定に違

ただし書又は第百三十四条の二第一項ただし書の規定に違反してされたとき。

２　特許無効審判は、利害関係人（前項第二号（特許が第三十八条の規定に違反してされたときに限る。）又は同項第六号に該当することを理由として特許無効審判を請求する場合にあつては、特許を受ける権利を有する者）に限り請求することができる。

３・４　（略）

（延長登録無効審判）

第一二五条の二　（略）

２　延長登録無効審判は、利害関係人に限り請求することができる。

３・４　（略）

（訂正審判）

第一二六条　（略）

２　訂正審判は、特許異議の申立て又は特許無効審判が特許庁に係属した時からその決定又は審決（請求項ごとに申立て又は請求がされた場合にあつては、その全ての決定又は審決）が確定するまでの間は、請求することができない。

３　二以上の請求項に係る願書に添付した特許請求の範囲の訂正をする場合には、請求項ごとに第一項の規定による請求をすることができる。この場合において、当該請求項の中に一群の請求項があるときは、当該一群の請求項ごとに当該請求をしなければならない。

反してされたとき。

２　特許無効審判は、何人も請求することができる。ただし、特許が前項第二号に該当すること（その特許が第三十八条の規定に違反してされたときに限る。）又は同項第六号に該当することを理由とするものは、当該特許に係る発明について特許を受ける権利を有する者に限り請求することができる。

３・４　（略）

（延長登録無効審判）

第一二五条の二　（略）

２・３　（略）

（訂正審判）

第一二六条　（略）

２　訂正審判は、特許無効審判が特許庁に係属した時からその審決（請求項ごとに請求がされた場合にあつては、その全ての審決）が確定するまでの間は、請求することができない。

３　二以上の請求項に係る願書に添付した特許請求の範囲の訂正をする場合には、請求項ごとに第一項の規定による請求をすることができる。この場合において、当該請求項の中に一の請求項の記載を他の請求項が引用する関係その他経済産業省令で定める関係を有する一群の請求項（以下「一群の請求項」という。）があるときは、当該一群の請求項ごとに当該請求をしなければならない。

4～7 （略）

8 訂正審判は、特許権の消滅後においても、請求することができる。ただし、特許が取消決定により取り消され、又は特許無効審判により無効にされた後は、この限りでない。

（審判請求書の補正）

第百三十一条の二 前条第一項の規定により提出した請求書の補正は、その要旨を変更するものであつてはならない。ただし、当該補正が次の各号のいずれかに該当するときは、この限りでない。

一・二 （略）

三 第百三十三条第一項（第百二十条の五第九項及び第百三十四条の二第九項において準用する場合を含む。）の規定により、当該請求書について補正をすべきことを命じられた場合において、当該命じられた事項についてされるとき。

2～4 （略）

（特許無効審判における訂正の請求）

第百三十四条の二 （略）

2～6 （略）

7 第一項の訂正の請求は、同項の訂正の請求書に添付された訂正した明細書、特許請求の範囲又は図面について第十七条の五第二項の補正をすることができる期間内に限り、取り下げることができる。この場合において、第一項の訂正の請求を第二項又は第三項の規定により請求項ごとに又は一群の請求項ごとにしたときは、その全ての請求を取り下げなければならない。

8・9 （略）

4～7 （略）

8 訂正審判は、特許権の消滅後においても、請求することができる。ただし、特許が特許無効審判により無効にされた後は、この限りでない。

（審判請求書の補正）

第百三十一条の二 前条第一項の規定により提出した請求書の補正は、その要旨を変更するものであつてはならない。ただし、当該補正が次の各号のいずれかに該当するときは、この限りでない。

一・二 （略）

三 第百三十三条第一項（第百三十四条の二第九項において準用する場合を含む。）の規定により、当該請求書について補正をすべきことを命じられた場合において、当該命じられた事項についてされるとき。

2～4 （略）

（特許無効審判における訂正の請求）

第百三十四条の二 （略）

2～6 （略）

7 第一項の訂正の請求は、同項の訂正の請求書に添付された訂正した明細書、特許請求の範囲又は図面について第十七条の四第一項の補正をすることができる期間内に限り、取り下げることができる。この場合において、第一項の訂正の請求を第二項又は第三項の規定により請求項ごとに又は一群の請求項ごとにしたときは、その全ての請求を取り下げなければならない。

8・9 （略）

（審判官の除斥）
第百三十九条　審判官は、次の各号のいずれかに該当するときは、その職務の執行から除斥される。
一　審判官又はその配偶者若しくは配偶者であつた者が事件の当事者、参加人若しくは特許異議申立人であるとき、又はあつたとき。
二　審判官が事件の当事者、参加人若しくは特許異議申立人の四親等内の血族、三親等内の姻族若しくは同居の親族であるとき、又はあつたとき。
三　審判官が事件の当事者、参加人又は特許異議申立人の後見人、後見監督人、保佐人、保佐監督人、補助人又は補助監督人であるとき。
四　（略）
五　審判官が事件について当事者、参加人若しくは特許異議申立人の代理人であるとき、又はあつたとき。
六・七　（略）

（審理の終結の通知）
第百五十六条　（略）
2　審判長は、特許無効審判においては、事件が審決をするのに熟した場合であつて第百六十四条の二第一項の審決の予告をしないとき、又は同項の審決の予告をした場合であつて同条第二項の規定により指定した期間内に被請求人が第百三十四条の二第一項の訂正の請求若しくは第十七条の五第二項の補正をしないときは、審理の終結を当事者及び参加人に通知しなければならない。
3・4　（略）

（審判官の除斥）
第百三十九条　審判官は、次の各号のいずれかに該当するときは、その職務の執行から除斥される。
一　審判官又はその配偶者若しくは配偶者であつた者が事件の当事者若しくは参加人であるとき又はあつたとき。
二　審判官が事件の当事者若しくは参加人の四親等内の血族、三親等内の姻族若しくは同居の親族であるとき又はあつたとき。
三　審判官が事件の当事者又は参加人の後見人、後見監督人、保佐人、保佐監督人、補助人又は補助監督人であるとき。
四　（略）
五　審判官が事件について当事者若しくは参加人の代理人であるとき又はあつたとき。
六・七　（略）

（審理の終結の通知）
第百五十六条　（略）
2　審判長は、特許無効審判においては、事件が審決をするのに熟した場合であつて第百六十四条の二第一項の審決の予告をしないとき、又は同項の審決の予告をした場合であつて同条第二項の規定により指定した期間内に被請求人が第百三十四条の二第一項の訂正の請求若しくは第十七条の四第一項の補正をしないときは、審理の終結を当事者及び参加人に通知しなければならない。
3・4　（略）

（訴訟との関係）

第一六八条　審判において必要があると認めるときは、特許異議の申立てについての決定若しくは他の審判の審決が確定し、又は訴訟手続が完結するまでその手続を中止することができる。

２～６　（略）

（再審の請求）

第一七一条　確定した取消決定及び確定審決に対しては、当事者又は参加人は、再審を請求することができる。

２　（略）

（再審の請求期間）

第一七三条　再審は、請求人が取消決定又は審決が確定した後再審の理由を知つた日から三十日以内に請求しなければならない。

２　（略）

３　請求人が法律の規定に従つて代理されなかつたことを理由として再審を請求するときは、第一項に規定する期間は、請求人又はその法定代理人が送達により取消決定又は審決があつたことを知つた日の翌日から起算する。

４　取消決定又は審決が確定した日から三年を経過した後は、再審を請求することができない。

５　再審の理由が取消決定又は審決が確定した後に生じたときは、前項に規定する期間は、その理由が発生した日の翌日から起算する。

６　（略）

（訴訟との関係）

第一六八条　審判において必要があると認めるときは、他の審判の審決が確定し、又は訴訟手続が完結するまでその手続を中止することができる。

２～６　（略）

（再審の請求）

第一七一条　確定審決に対しては、当事者又は参加人は、再審を請求することができる。

２　（略）

（再審の請求期間）

第一七三条　再審は、請求人が審決が確定した後再審の理由を知つた日から三十日以内に請求しなければならない。

２　（略）

３　請求人が法律の規定に従つて代理されなかつたことを理由として再審を請求するときは、第一項に規定する期間は、請求人又はその法定代理人が送達により審決があつたことを知つた日の翌日から起算する。

４　審決が確定した日から三年を経過した後は、再審を請求することができない。

５　再審の理由が審決が確定した後に生じたときは、前項に規定する期間は、その理由が発生した日の翌日から起算する。

６　（略）

（審判の規定等の準用）

第一七四条　第百十四条、第百十六条から第百二十条の二まで、第百二十条の五から第百二十条の八まで、第百三十一条第一項、第百三十一条の二第一項本文、第百三十二条第三項、第百五十四条、第百五十五条第一項及び第三項並びに第百五十六条第一項、第三項及び第四項の規定は、確定した取消決定に対する再審に準用する。

2～5　（略）

（再審により回復した特許権の効力の制限）

第一七五条　取り消し、若しくは無効にした特許に係る特許権若しくは無効にした存続期間の延長登録に係る特許権が再審により回復した場合又は拒絶をすべき旨の審決があつた特許出願若しくは特許権の存続期間の延長登録の出願について再審により特許権の設定の登録若しくは特許権の存続期間を延長した旨の登録があつた場合において、その特許が物の発明についてされているときは、特許権の効力は、当該取消決定又は審決が確定した後再審の請求の登録前に善意に輸入し、又は日本国内において生産し、若しくは取得した当該物には、及ばない。

2　取り消し、若しくは無効にした特許に係る特許権若しくは無効にした存続期間の延長登録に係る特許権が再審により回復したとき、又は拒絶をすべき旨の審決があつた特許出願若しくは特許権の存続期間の延長登録の出願について再審により特許権の設定の登録若しくは特許権の存続期間を延長した旨の登録があつたときは、特許権の効力は、当該取消決定又は審決が確定した後再審の請求の登録前における次に掲げる行為には、及ばない。

一～五　（略）

（審判の規定等の準用）

第一七四条

1～4　（略）

（再審により回復した特許権の効力の制限）

第一七五条　無効にした特許に係る特許権若しくは無効にした存続期間の延長登録に係る特許権が再審により回復した場合又は拒絶をすべき旨の審決があつた特許出願若しくは特許権の存続期間の延長登録の出願について再審により特許権の設定の登録若しくは特許権の存続期間を延長した旨の登録があつた場合において、その特許が物の発明についてされているときは、特許権の効力は、当該審決が確定した後再審の請求の登録前に善意に輸入し、又は日本国内において生産し、若しくは取得した当該物には、及ばない。

2　無効にした特許に係る特許権若しくは無効にした存続期間の延長登録に係る特許権が再審により回復したとき、又は拒絶をすべき旨の審決があつた特許出願若しくは特許権の存続期間の延長登録の出願について再審により特許権の設定の登録若しくは特許権の存続期間を延長した旨の登録があつたときは、特許権の効力は、当該審決が確定した後再審の請求の登録前における次に掲げる行為には、及ばない。

一～五　（略）

第一七六条　取り消し、若しくは無効にした特許に係る特許権若しくは無効にした存続期間の延長登録に係る特許権が再審により回復したとき、又は拒絶をすべき旨の審決があつた特許出願若しくは特許権の存続期間の延長登録の出願について再審により特許権の設定の登録若しくは特許権の存続期間を延長した旨の登録があつたときは、当該取消決定又は審決が確定した後再審の請求の登録前に善意に日本国内において当該発明の実施である事業をしている者又はその事業の準備をしている者は、その実施又は準備をしている発明及び事業の目的の範囲内において、その特許権について通常実施権を有する。

（審決等に対する訴え）

第一七八条　取消決定又は審決に対する訴え及び特許異議申立書、審判若しくは再審の請求書又は第百二十条の五第二項若しくは第百三十四条の二第一項の訂正の請求書の却下の決定に対する訴えは、東京高等裁判所の専属管轄とする。

2　前項の訴えは、当事者、参加人又は当該特許異議の申立てについての審理、審判若しくは再審に参加を申請してその申請を拒否された者に限り、提起することができる。

3～6　（略）

（審決又は決定の取消し）

第一八一条　（略）

2　審判官は、前項の規定による審決又は決定の取消しの判決が確定したときは、更に審理を行い、審決又は決定をしなければならない。この場合において、審決又は決定の取消しの判決が、第百二十条の五第二項又は第百三十四条の二第一項の訂正の請

第一七六条　無効にした特許に係る特許権若しくは無効にした存続期間の延長登録に係る特許権が再審により回復したとき、又は拒絶をすべき旨の審決があつた特許出願若しくは特許権の存続期間の延長登録の出願について再審により特許権の設定の登録若しくは特許権の存続期間を延長した旨の登録があつたときは、当該審決が確定 した後再審の請求の登録前に善意に日本国内において当該発明の実施である事業をしている者又はその事業の準備をしている者は、その実施又は準備をしている発明及び事業の目的の範囲内において、その特許権について通常実施権を有する。

（審決等に対する訴え）

第一七八条　審決に対する訴え及び審判若しくは再審の請求書又は第百三十四条の二第一項の訂正の請求書の却下の決定に対する訴えは、東京高等裁判所の専属管轄とする。

2　前項の訴えは、当事者、参加人又は当該審判若しくは再審に参加を申請してその申請を拒否された者に限り、提起することができる。

3～6　（略）

（審決又は決定の取消し）

第一八一条　（略）

2　審判官は、前項の規定による審決又は決定の取消しの判決が確定したときは、さらに審理を行い、審決又は決定をしなければならない。この場合において、審決の取消しの判決が、第百三十四条の二第一項の訂正の請求がされた一群の請求項のう

求がされた一群の請求項のうち一部の請求項について確定したときは、審判官は、審理を行うに際し、当該一群の請求項のうちその他の請求項についての審決又は決定を取り消さなければならない。

（国際出願による特許出願）

第一八四条の三　（略）

2　前項の規定により特許出願とみなされた国際出願（以下「国際特許出願」という。）については、第四十三条（第四十三条の二第二項（第四十三条の三第三項において準用する場合を含む。）及び第四十三条の三第三項において準用する場合を含む。）の規定は、適用しない。

（国内公表等）

第一八四条の九　（略）

2～4　（略）

5　国際特許出願については、第四十八条の五第一項、第四十八条の六、第六十六条第三項ただし書、第百二十八条、第百八十六条第一項第一号及び第二号並びに第百九十三条第二項第一号、第二号、第七号及び第十号中「出願公開」とあるのは、日本語特許出願にあつては「第百八十四条の九第一項の国際公開」と、外国語特許出願にあつては「第百八十四条の九第一項の国内公表」とする。

6・7　（略）

（補正の特例）

第一八四条の一二　（略）

2　（略）

ち一部の請求項について確定したときは、審判官は、審理を行うに際し、当該一群の請求項のうちその他の請求項についての審決を取り消さなければならない。

（国際出願による特許出願）

第一八四条の三　（略）

2　前項の規定により特許出願とみなされた国際出願（以下「国際特許出願」という。）については、第四十三条（第四十三条の二第三項において準用する場合を含む。）の規定は、適用しない。

（国内公表等）

第一八四条の九　（略）

2～4　（略）

5　国際特許出願については、第四十八条の五第一項、第四十八条の六、第六十六条第三項ただし書、第百二十八条、第百八十六条第一項第一号及び第二号並びに第百九十三条第二項第一号、第二号、第六号及び第九号中「出願公開」とあるのは、日本語特許出願にあつては「第百八十四条の九第一項の国際公開」と、外国語特許出願にあつては「第百八十四条の九第一項の国内公表」とする。

6・7　（略）

（補正の特例）

第一八四条の一二　（略）

2　（略）

（特許出願等に基づく優先権主張の特例）

第一八四条の一五　（略）

２・３　（略）

４　第四十一条第一項の先の出願が国際特許出願又は実用新案法第四十八条の三第二項の国際実用新案登録出願である場合における第四十一条第一項から第三項まで及び第四十二条第一項の規定の適用については、第四十一条第一項及び第二項中「願書に最初に添付した明細書、特許請求の範囲若しくは実用新案登録請求の範囲又は図面」とあるのは「第百八十四条の四第一項又は実用新案法第四十八条の四第一項の国際出願日における国際出願の明細書、請求の範囲又は図面」と、同項中「同項」とあるのは「前項」と、同条第三項中「先の出願の願書に最初に添付した明細書、特許請求の範囲若しくは実用新案登録請求の範囲又は図面」とあるのは「先の出願の第百八十四条の四第一項又は実用新案法第四十八条の四第一項の国際出願日における国際出願の明細書、請求の範囲又は図面」と、「同項」とあるのは「第一項」と、「について出願公開」とあるのは「について千九百七十年六月十九日にワシントンで作成された特許協力条約第二十一条に規定する国際公開」と、第四十二条第一項中「その出願の日から経済産業省令で定める期間を経過した時」

３　国際特許出願の出願人は、第十七条の三の規定にかかわらず、優先日から一年三月以内（第百八十四条の四第一項の規定により翻訳文が提出された外国語特許出願のうち、国内書面提出期間内に出願人から出願審査の請求のあつた国際特許出願であつて国際公開がされているものについては、出願審査の請求があつた後を除く。）に限り、願書に添付した要約書について補正をすることができる。

（特許出願等に基づく優先権主張の特例）

第一八四条の一五　（略）

２・３　（略）

４　第四十一条第一項の先の出願が国際特許出願又は実用新案法第四十八条の三第二項の国際実用新案登録出願である場合における第四十一条第一項から第三項まで及び第四十二条第一項の規定の適用については、第四十一条第一項及び第二項中「願書に最初に添付した明細書、特許請求の範囲若しくは実用新案登録請求の範囲又は図面」とあるのは「第百八十四条の四第一項又は実用新案法第四十八条の四第一項の国際出願日における国際出願の明細書、請求の範囲又は図面」と、同条第三項中「先の出願の願書に最初に添付した明細書、特許請求の範囲若しくは実用新案登録請求の範囲又は図面」とあるのは「先の出願の第百八十四条の四第一項又は実用新案法第四十八条の四第一項の国際出願日における国際出願の明細書、請求の範囲又は図面」と、「について出願公開」とあるのは「について千九百七十年六月十九日にワシントンで作成された特許協力条約第二十一条に規定する国際公開」と、第四十二条第一項中「その出願の日から一年三月を経過した時」とあるのは「第百八十四条の四第六項若しくは実用新案法第四十八条の四第六項の国内処理基準

とあるのは「第百八十四条の四第六項若しくは実用新案法第四十八条の四第六項の国内処理基準時又は第百八十四条の四第一項若しくは同法第四十八条の四第一項の国際出願日から経済産業省令で定める期間を経過した時のいずれか遅い時」とする。

（拒絶理由等の特例）

第一八四条の一八　外国語特許出願に係る拒絶の査定、特許異議の申立て及び特許無効審判については、第四十九条第六号、第百十三条第一号及び第五号並びに第百二十三条第一項第一号及び第五号中「外国語書面出願」とあるのは「第百八十四条の四第一項の外国語特許出願」と、第四十九条第六号、第百十三条第五号及び第百二十三条第一項第五号中「外国語書面に」とあるのは「第百八十四条の四第一項の国際出願日における国際出願の明細書、請求の範囲又は図面に」とする。

（訂正の特例）

第一八四条の一九　外国語特許出願に係る第百二十条の五第二項及び第百三十四条の二第一項の規定による訂正及び訂正審判の請求については、第百二十六条第五項中「外国語書面出願」とあるのは「第百八十四条の四第一項の外国語特許出願」と、「外国語書面」とあるのは「第百八十四条の四第一項の国際出願日における国際出願の明細書、請求の範囲又は図面」とする。

（二以上の請求項に係る特許又は特許権についての特則）

第一八五条　二以上の請求項に係る特許又は特許権についての第二十七条第一項第一号、第六十五条第五項（第百八十四条の十第二項において準用する場合を含む。）、第八十条第一項、第九十七条第一項、第九十八条第一項第一号、第百十一条第一項

時又は第百八十四条の四第一項若しくは同法第四十八条の四第一項の国際出願日から一年三月を経過した時のいずれか遅い時」とする。

（拒絶理由等の特例）

第一八四条の一八　外国語特許出願に係る拒絶の査定及び特許無効審判については、第四十九条第六号並びに第百二十三条第一項第一号及び第五号中「外国語書面出願」とあるのは「第百八十四条の四第一項の外国語特許出願」と、第四十九条第六号及び第百二十三条第一項第五号中「外国語書面」とあるのは「第百八十四条の四第一項の国際出願日における国際出願の明細書、請求の範囲又は図面」とする。

（訂正の特例）

第一八四条の一九　外国語特許出願に係る第百三十四条の二第一項の規定による訂正及び訂正審判の請求については、第百二十六条第五項中「外国語書面出願」とあるのは「第百八十四条の四第一項の外国語特許出願」と、「外国語書面」とあるのは「第百八十四条の四第一項の国際出願日における国際出願の明細書、請求の範囲又は図面」とする。

（二以上の請求項に係る特許又は特許権についての特則）

第一八五条　二以上の請求項に係る特許又は特許権についての第二十七条第一項第一号、第六十五条第五項（第百八十四条の十第二項において準用する場合を含む。）、第八十条第一項、第九十七条第一項、第九十八条第一項第一号、第百十一条第一項

第二号、第百十四条第三項（第百七十四条第一項において準用する場合を含む。）、第百二十三条第三項、第百二十五条、第百二十六条第八項（第百三十四条の二第九項において準用する場合を含む。）、第百二十八条（第百二十条の五第九項及び第百三十四条の二第九項において準用する場合を含む。）、第百三十二条第一項（第百七十四条第三項において準用する場合を含む。）、第百七十五条、第百七十六条若しくは第百九十三条第二項第五号又は実用新案法第二十条第一項の規定の適用については、請求項ごとに特許がされ、又は特許権があるものとみなす。

（特許公報）

第一九三条　（略）

2　特許公報には、この法律に規定するもののほか、次に掲げる事項を掲載しなければならない。

一～三　（略）

四　第四十八条の三第五項（同条第七項において準用する場合を含む。）の規定による出願審査の請求

五　（略）

六　特許異議の申立て若しくは審判若しくは再審の請求又はこれらの取下げ

七　特許異議の申立てについての確定した決定、審判の確定審決又は再審の確定した決定若しくは確定審決（特許権の設定の登録又は出願公開がされたものに限る。）

八～十　（略）

（書類の提出等）

第一九四条　特許庁長官又は審査官は、当事者に対し、特許異議

第二号、第百二十三条第三項、第百二十五条、第百二十六条第八項（第百三十四条の二第九項において準用する場合を含む。）、第百二十八条（第百三十四条の二第九項において準用する場合を含む。）、第百三十二条第一項（第百七十四条第二項において準用する場合を含む。）、第百七十五条、第百七十六条若しくは第百九十三条第二項第四号又は実用新案法第二十条第一項の規定の適用については、請求項ごとに特許がされ、又は特許権があるものとみなす。

（特許公報）

第一九三条　（略）

2　特許公報には、この法律に規定するもののほか、次に掲げる事項を掲載しなければならない。

一～三　（略）

四　（略）

五　審判若しくは再審の請求又はこれらの取下げ

六　審判又は再審の確定審決（特許権の設定の登録又は出願公開がされたものに限る。）

七～九　（略）

（書類の提出等）

第一九四条　特許庁長官又は審査官は、当事者に対し、審判又は

の申し立て、審判又は再審に関する手続以外の手続を処理するため必要な書類その他の物件の提出を求めることができる。

2 （略）

（手数料）

第一九五条 （略）

2～4 （略）

5 特許権又は特許を受ける権利が国と国以外の者との共有に係る場合であつて持分の定めがあるときは、国と国以外の者が自己の特許権又は特許を受ける権利について第一項又は第二項の規定により納付すべき手数料（出願審査の請求の手数料以外の政令で定める手数料に限る。）は、これらの規定にかかわらず、これらの規定に規定する手数料の金額に国以外の者の持分の割合を乗じて得た額とし、国以外の者がその額を納付しなければならない。

6～12 （略）

13 第九項又は第十一項の規定による手数料の返還を請求する者がその責めに帰することができない理由により、第十項又は前項に規定する期間内にその請求をすることができないときは、これらの規定にかかわらず、その理由がなくなつた日から十四日（在外者にあつては、二月）以内でこれらの規定に規定する期間の経過後六月以内にその請求をすることができる。

（行政不服審査法による不服申立ての制限）

第一九五条の四 査定、取消決定又は審決及び特許異議申立書、審判若しくは再審の請求書又は第百二十条の五第二項若しくは

再審に関する手続以外の手続を処理するため必要な書類その他の物件の提出を求めることができる。

2 （略）

（手数料）

第一九五条 （略）

2～4 （略）

5 特許権又は特許を受ける権利が国と国以外の者との共有に係る場合であつて持分の定めがあるときは、国と国以外の者が自己の特許権又は特許を受ける権利について第一項又は第二項の規定により納付すべき手数料（出願審査の請求の手数料以外の政令で定める手数料に限る。）は、これらの規定にかかわらず、これらに規定する手数料の金額に国以外の者の持分の割合を乗じて得た額とし、国以外の者がその額を納付しなければならない。

6～12 （略）

（行政不服審査法による不服申立ての制限）

第一九五条の四 査定又は審決及び審判若しくは再審の請求書又は第百三十四条の二第一項の訂正の請求書の却下の決定並びに

第百三十四条の二第一項の訂正の請求書の却下の決定並びにこの法律の規定により不服を申し立てることができないこととされている処分については、行政不服審査法による不服申立てをすることができない。

（詐欺の行為の罪）

第一九七条　詐欺の行為により特許、特許権の存続期間の延長登録、特許異議の申立てについての決定又は審決を受けた者は、三年以下の懲役又は三百万円以下の罰金に処する。

（偽証等の罪）

第一九九条　（略）

２　前項の罪を犯した者が事件の判定の謄本が送達され、又は特許異議の申立てについての決定若しくは審決が確定する前に自白したときは、その刑を減軽し、又は免除することができる。

（過料）

第二〇二条　第百五十一条（第七十一条第三項、第百二十条（第百七十四条第一項において準用する場合を含む。）及び第百七十四条第二項から第四項までにおいて準用する場合を含む。）において準用する民事訴訟法第二百七条第一項の規定により宣誓した者が特許庁又はその嘱託を受けた裁判所に対し虚偽の陳述をしたときは、十万円以下の過料に処する。

別表（第百九十五条関係）

	納付しなければならない者	金額
一〜十　（略）		

この法律の規定により不服を申し立てることができないこととされている処分については、行政不服審査法による不服申立てをすることができない。

（詐欺の行為の罪）

第一九七条　詐欺の行為により特許、特許権の存続期間の延長登録又は審決を受けた者は、三年以下の懲役又は三百万円以下の罰金に処する。

（偽証等の罪）

第一九九条　（略）

２　前項の罪を犯した者が事件の判定の謄本が送達され、又は審決が確定する前に自白したときは、その刑を減軽し、又は免除することができる。

（過料）

第二〇二条　第百五十一条（第七十一条第三項及び第百七十四条第一項から第三項までにおいて準用する場合を含む。）において準用する民事訴訟法第二百七条第一項の規定により宣誓した者が特許庁又はその嘱託を受けた裁判所に対し虚偽の陳述をしたときは、十万円以下の過料に処する。

別表（第百九十五条関係）

	納付しなければならない者	金額
一〜十　（略）		

十一	特許異議の申立てをする者	一件につき一万六千五百円に一請求項につき二千四百円を加えた額
十二	特許異議の申立てについての審理への参加を申請する者	一件につき一万千円
十三～十六　（略）		

十一～十四　（略）

○実用新案法（第二条関係）

改正	現行
（手続の補正） 第二条の二　実用新案登録出願、請求その他実用新案登録に関する手続（以下単に「手続」という。）をした者は、事件が特許庁に係属している場合に限り、その補正をすることができる。ただし、経済産業省令で定める期間を経過した後は、願書に添付した明細書、実用新案登録請求の範囲、図面若しくは要約書又は第八条第四項若しくは第十一条第一項において準用する特許法（昭和三十四年法律第百二十一号）第四十三条第一項（第十一条第一項において準用する同法第四十三条の二第二項（第十一条第一項において準用する同法第四十三条の三第三項において準用する場合を含む。）及び第四十三条の三第三項において準用する場合を含む。）に規定する書面について補正をすることができない。 2・3　（略） 4　特許庁長官は、次に掲げる場合は、相当の期間を指定して、手続の補正をすべきことを命ずることができる。 一　手続が第二条の五第二項において準用する特許法第七条第一項から第三項まで又は第九条の規定に違反しているとき。 二～四　（略） 5　（略）	（手続の補正） 第二条の二　実用新案登録出願、請求その他実用新案登録に関する手続（以下単に「手続」という。）をした者は、事件が特許庁に係属している場合に限り、その補正をすることができる。ただし、実用新案登録出願の日から政令で定める期間を経過した後は、願書に添付した明細書、実用新案登録請求の範囲、図面又は要約書について補正をすることができない。 2・3　（略） 4　特許庁長官は、次に掲げる場合は、相当の期間を指定して、手続の補正をすべきことを命ずることができる。 一　手続が第二条の五第二項において準用する特許法（昭和三十四年法律第百二十一号）第七条第一項から第三項まで又は第九条の規定に違反しているとき。 二～四　（略） 5　（略）

（実用新案登録出願等に基づく優先権主張）

第八条　実用新案登録を受けようとする者は、次に掲げる場合を除き、その実用新案登録出願に係る考案について、その者が実用新案登録又は特許を受ける権利を有する実用新案登録出願又は特許出願であつて先にされたもの（以下「先の出願」という。）の願書に最初に添付した明細書、実用新案登録請求の範囲若しくは特許請求の範囲又は図面（先の出願が特許法第三十六条の二第二項の外国語書面出願である場合にあつては、同条第一項の外国語書面）に記載された考案に基づいて優先権を主張することができる。ただし、先の出願について仮専用実施権を有する者があるときは、その実用新案登録出願の際に、その承諾を得ている場合に限る。

一　その実用新案登録出願が先の出願の日から一年以内にされたものでない場合（その実用新案登録出願を先の出願の日から一年以内にすることができなかつたことについて正当な理由がある場合であつて、かつ、その実用新案登録出願が経済産業省令で定める期間内にされたものである場合を除く。）

二～五　（略）

2　前項の規定による優先権の主張を伴う実用新案登録出願に係る考案のうち、当該優先権の主張の基礎とされた先の出願の願書に最初に添付した明細書、実用新案登録請求の範囲若しくは特許請求の範囲又は図面（当該先の出願が特許法第三十六条の二第二項の外国語書面出願である場合にあつては、同条第一項の外国語書面）に記載された考案（当該先の出願が前項若しくは同法第四十一条第一項の規定による優先権の主張又は同法第四十三条第一項、第四十三条の二第一項（同法第四十三条の三第三項において準用する場合を含む。）若しくは第四十三条の三第一項若しくは第二項（これらの規定を第十一条第一項にお

（実用新案登録出願等に基づく優先権主張）

第八条　実用新案登録を受けようとする者は、次に掲げる場合を除き、その実用新案登録出願に係る考案について、その者が実用新案登録又は特許を受ける権利を有する実用新案登録出願又は特許出願であつて先にされたもの（以下「先の出願」という。）の願書に最初に添付した明細書、実用新案登録請求の範囲若しくは特許請求の範囲又は図面（先の出願が特許法第三十六条の二第二項の外国語書面出願である場合にあつては、同条第一項の外国語書面）に記載された考案に基づいて優先権を主張することができる。ただし、先の出願について仮専用実施権を有する者があるときは、その実用新案登録出願の際に、その承諾を得ている場合に限る。

一　その実用新案登録出願が先の出願の日から一年以内にされたものでない場合

二～五　（略）

2　前項の規定による優先権の主張を伴う実用新案登録出願に係る考案のうち、当該優先権の主張の基礎とされた先の出願の願書に最初に添付した明細書、実用新案登録請求の範囲若しくは特許請求の範囲又は図面（当該先の出願が特許法第三十六条の二第二項の外国語書面出願である場合にあつては、同条第一項の外国語書面）に記載された考案（当該先の出願が前項若しくは同法第四十一条第一項の規定による優先権の主張又は同法第四十三条第一項若しくは第四十三条の二第一項若しくは第二項（第十一条第一項において準用する場合を含む。）の規定による優先権の主張を伴う出願である場合には、当該先の出願につい

いて準用する場合を含む。）の規定による優先権の主張を伴う出願である場合には、当該先の出願についての優先権の主張の基礎とされた出願に係る出願の際の書類（明細書、実用新案登録請求の範囲若しくは特許請求の範囲又は図面に相当するものに限る。）に記載された考案を除く。）についての第三条、第三条の二本文、前条第一項から第三項まで、第十一条第一項において準用する同法第三十条第一項及び第二項、第十七条、第二十六条において準用する同法第六十九条第二項第二号、同法第七十九条、同法第八十一条及び同法第八十二条第一項並びに同法第三十九条第三項及び第四項並びに第七十二条、意匠法（昭和三十四年法律第百二十五号）第二十六条、第三十一条第二項及び第三十二条第二項並びに商標法（昭和三十四年法律第百二十七号）第二十九条並びに第三十三条の二第三項及び第三十三条の三第三項（これらの規定を同法第六十八条第三項において準用する場合を含む。）の規定の適用については、当該実用新案登録出願は、当該先の出願の時にされたものとみなす。

3　第一項の規定による優先権の主張を伴う実用新案登録出願の願書に最初に添付した明細書、実用新案登録請求の範囲又は図面に記載された考案のうち、当該優先権の主張の基礎とされた先の出願の願書に最初に添付した明細書、実用新案登録請求の範囲若しくは特許請求の範囲又は図面（当該先の出願が特許法第三十六条の二第二項の外国語書面出願である場合にあつては、同条第一項の外国語書面）に記載された考案（当該先の出願が第一項若しくは同法第四十一条第一項の規定による優先権の主張又は同法第四十三条第一項、第四十三条の二第一項（同法第四十三条の三第三項において準用する場合を含む。）若しくは第四十三条の三第一項若しくは第二項（これらの規定を第十一条第一項において準用する場合を含む。）の規定による優

ての優先権の主張の基礎とされた出願に係る出願の際の書類（明細書、実用新案登録請求の範囲若しくは特許請求の範囲又は図面に相当するものに限る。）に記載された考案を除く。）についての第三条、第三条の二本文、前条第一項から第三項まで、第十一条第一項において準用する同法第三十条第一項及び第二項、第十七条、第二十六条において準用する同法第六十九条第二項第二号、同法第七十九条、同法第八十一条及び同法第八十二条第一項並びに同法第三十九条第三項及び第四項並びに第七十二条、意匠法（昭和三十四年法律第百二十五号）第二十六条、第三十一条第二項及び第三十二条第二項並びに商標法（昭和三十四年法律第百二十七号）第二十九条並びに第三十三条の二第三項及び第三十三条の三第三項（同法第六十八条第三項において準用する場合を含む。）の規定の適用については、当該実用新案登録出願は、当該先の出願の時にされたものとみなす。

3　第一項の規定による優先権の主張を伴う実用新案登録出願の願書に最初に添付した明細書、実用新案登録請求の範囲又は図面に記載された考案のうち、当該優先権の主張の基礎とされた先の出願の願書に最初に添付した明細書、実用新案登録請求の範囲若しくは特許請求の範囲又は図面（当該先の出願が特許法第三十六条の二第二項の外国語書面出願である場合にあつては、同条第一項の外国語書面）に記載された考案（当該先の出願が第一項若しくは同法第四十一条第一項の規定による優先権の主張又は同法第四十三条第一項若しくは第四十三条の二第一項若しくは第二項（第十一条第一項において準用する場合を含む。）の規定による優先権の主張を伴う出願である場合には、当該先の出願についての優先権の主張の基礎とされた出願に係

先権の主張を伴う出願である場合には、当該先の出願についての優先権の主張の基礎とされた出願に係る出願の際の書類（明細書、実用新案登録請求の範囲若しくは特許請求の範囲又は図面に相当するものに限る。）に記載された考案を除く。）については、当該実用新案登録出願について実用新案掲載公報の発行がされた時に当該先の出願について実用新案掲載公報の発行又は出願公開がされたものとみなして、第三条の二本文又は同法第二十九条の二本文の規定を適用する。

4　第一項の規定による優先権を主張しようとする者は、その旨及び先の出願の表示を記載した書面を経済産業省令で定める期間内に特許庁長官に提出しなければならない。

（先の出願の取下げ等）

第九条　前条第一項の規定による優先権の主張の基礎とされた先の出願は、その出願の日から経済産業省令で定める期間を経過した時に取り下げたものとみなす。ただし、当該先の出願が放棄され、取り下げられ、若しくは却下されている場合、当該先の出願について査定若しくは審決が確定している場合、当該先の出願について第十四条第二項に規定する設定の登録がされている場合又は当該先の出願に基づく全ての優先権の主張が取り下げられている場合には、この限りでない。

2　前条第一項の規定による優先権の主張を伴う実用新案登録出願の出願人は、先の出願の日から経済産業省令で定める期間を経過した後は、その主張を取り下げることができない。

3　前条第一項の規定による優先権の主張を伴う実用新案登録出願が先の出願の日から経済産業省令で定める期間内に取り下げられたときは、同時に当該優先権の主張が取り下げられたものとみなす。

る出願の際の書類（明細書、実用新案登録請求の範囲若しくは特許請求の範囲又は図面に相当するものに限る。）に記載された考案を除く。）については、当該実用新案登録出願について実用新案掲載公報の発行がされた時に当該先の出願について実用新案掲載公報の発行又は出願公開がされたものとみなして、第三条の二本文又は同法第二十九条の二本文の規定を適用する。

4　第一項の規定による優先権を主張しようとする者は、その旨及び先の出願の表示を記載した書面を実用新案登録出願と同時に特許庁長官に提出しなければならない。

（先の出願の取下げ等）

第九条　前条第一項の規定による優先権の主張の基礎とされた先の出願は、その出願の日から一年三月を経過した時に取り下げたものとみなす。ただし、当該先の出願が放棄され、取り下げられ、若しくは却下されている場合、当該先の出願について査定若しくは審決が確定している場合、当該先の出願について第十四条第二項に規定する設定の登録がされている場合又は当該先の出願に基づくすべての優先権の主張が取り下げられている場合には、この限りでない。

2　前条第一項の規定による優先権の主張を伴う実用新案登録出願の出願人は、先の出願の日から一年三月を経過した後は、その主張を取り下げることができない。

3　前条第一項の規定による優先権の主張を伴う実用新案登録出願が先の出願の日から一年三月以内に取り下げられたときは、同時に当該優先権の主張が取り下げられたものとみなす。

（出願の変更）

第一〇条　特許出願人は、その特許出願（特許法第四十六条の二第一項の規定による実用新案登録に基づく特許出願（同法第四十四条第二項（同法第四十六条第六項において準用する場合を含む。）の規定により当該特許出願の時にしたものとみなされるものを含む。）を除く。）を実用新案登録出願に変更することができる。ただし、その特許出願について拒絶をすべき旨の最初の査定の謄本の送達があつた日から三月を経過した後又はその特許出願の日から九年六月を経過した後は、この限りでない。

2　（略）

3　前二項の規定による出願の変更があつたときは、その実用新案登録出願は、その特許出願又は意匠登録出願の時にしたものとみなす。ただし、その実用新案登録出願が第三条の二に規定する他の実用新案登録出願又は特許法第二十九条の二に規定する実用新案登録出願に該当する場合におけるこれらの規定の適用及び次条第一項において準用する同法第三十条第三項の規定の適用については、この限りでない。

4　第一項又は第二項の規定による出願の変更をする場合における次条第一項において準用する特許法第四十三条第二項（次条第一項において準用する同法第四十三条の二第二項（次条第一項において準用する同法第四十三条の三第三項において準用する場合を含む。）及び第四十三条の三第三項において準用する場合を含む。）の規定の適用については、同法第四十三条第二項中「最先の日から一年四月以内」とあるのは、「最先の日から一年四月又は実用新案法第十条第一項若しくは第二項の規定

（出願の変更）

第一〇条　特許出願人は、その特許出願（特許法第四十六条の二第一項の規定による実用新案登録に基づく特許出願（同法第四十四条第二項（同法第四十六条第五項において準用する場合を含む。）の規定により当該特許出願の時にしたものとみなされるものを含む。）を除く。）を実用新案登録出願に変更することができる。ただし、その特許出願について拒絶をすべき旨の最初の査定の謄本の送達があつた日から三月を経過した後又はその特許出願の日から九年六月を経過した後は、この限りでない。

2　（略）

3　前二項の規定による出願の変更があつたときは、その実用新案登録出願は、その特許出願又は意匠登録出願の時にしたものとみなす。ただし、その実用新案登録出願が第三条の二に規定する他の実用新案登録出願又は特許法第二十九条の二に規定する実用新案登録出願に該当する場合におけるこれらの規定の適用、第八条第四項の規定の適用並びに次条第一項において準用する同法第三十条第三項及び第四十三条第一項（次条第一項において準用する同法第四十三条の二第三項において準用する場合を含む。）の規定の適用については、この限りでない。

4　第一項又は第二項の規定による出願の変更をする場合における次条第一項において準用する特許法第四十三条第二項（次条第一項において準用する同法第四十三条の二第三項において準用する場合を含む。）の規定の適用については、同法第四十三条第二項中「最先の日から一年四月以内」とあるのは、「最先の日から一年四月又は実用新案法第十条第一項若しくは第二項の規定による出願の変更に係る実用新案登録出願の日から三月のいずれか遅い日まで」とする。

による出願の変更に係る実用新案登録出願の日から三月のいずれか遅い日まで」とする。

5～7 （略）

8 第一項に規定する出願の変更をする場合には、もとの特許出願について提出された書面又は書類であつて、新たな実用新案登録出願について第八条第四項又は次条第一項において準用する特許法第三十条第三項若しくは第四十三条第一項及び第二項（これらの規定を次条第一項において準用する同法第四十三条の二第二項（次条第一項において準用する同法第四十三条の三第三項において準用する場合を含む。）及び第四十三条の三第三項において準用する場合を含む。）の規定により提出しなければならないものは、当該新たな実用新案登録出願と同時に特許庁長官に提出されたものとみなす。

9・10 （略）

（特許法の準用）

第三〇条 特許法第百四条の二から第百六条まで（具体的態様の明示義務、特許権者等の権利行使の制限、主張の制限、書類の提出等、損害計算のための鑑定、相当な損害額の認定、秘密保持命令、秘密保持命令の取消し、訴訟記録の閲覧等の請求の通知等、当事者尋問等の公開停止及び信用回復の措置）の規定は、実用新案権又は専用実施権の侵害に準用する。この場合において、同法第百四条の四中「次に掲げる決定又は審決が確定した」とあるのは「第一号に掲げる審決が確定した又は第三号に掲げる訂正があつた」と、「当該決定又は審決が確定した」とあるのは「当該審決が確定した又は訂正があつた」と、同条第三号中「訂正をすべき旨の決定又は審決」とあるのは「実用新案法第十四条の二第一項又は第七項の訂正」と読み替えるものとする。

5～7 （略）

8 第一項に規定する出願の変更をする場合には、もとの特許出願について提出された書面又は書類であつて、新たな実用新案登録出願について第八条第四項又は次条第一項において準用する特許法第三十条第三項若しくは第四十三条第一項及び第二項（次条第一項において準用する同法第四十三条の二第三項において準用する場合を含む。）の規定により提出しなければならないものは、当該新たな実用新案登録出願と同時に特許庁長官に提出されたものとみなす。

9・10 （略）

（特許法の準用）

第三〇条 特許法第百四条の二から第百六条まで（具体的態様の明示義務、特許権者等の権利行使の制限、主張の制限、書類の提出等、損害計算のための鑑定、相当な損害額の認定、秘密保持命令、秘密保持命令の取消し、訴訟記録の閲覧等の請求の通知等、当事者尋問等の公開停止及び信用回復の措置）の規定は、実用新案権又は専用実施権の侵害に準用する。この場合において、同法第百四条の四中「次に掲げる審決が確定した」とあるのは「第一号に掲げる審決が確定した又は第三号に掲げる訂正があつた」と、「当該審決が確定した」とあるのは「当該審決が確定した又は訂正があつた」と、同条第三号中「訂正をすべき旨の審決」とあるのは「実用新案法第十四条の二第一項又は第七項の訂正」と読み替えるものとする。

る。

（登録料の納付期限）

第三二条　（略）

２・３　（略）

４　登録料を納付する者がその責めに帰することができない理由により前項の規定により延長された期間内にその登録料を納付することができないときは、第一項及び前項の規定にかかわらず、その理由がなくなつた日から十四日（在外者にあつては、二月）以内でその期間の経過後六月以内にその登録料を納付することができる。

（既納の登録料の返還）

第三四条　（略）

２　（略）

３　第一項の規定による登録料の返還を請求する者がその責めに帰することができない理由により前項に規定する期間内にその請求をすることができないときは、同項の規定にかかわらず、その理由がなくなつた日から十四日（在外者にあつては、二月）以内でその期間の経過後六月以内にその請求をすることができる。

（特許法の準用）

第四五条　特許法第百七十三条（再審の請求期間）、第百七十四条第三項及び第五項（審判の規定等の準用）並びに第百七十六条（再審の請求登録前の実施による通常実施権）の規定は、再審に準用する。この場合において、同法第百七十四条第三項中「第百三十一条第一項、第百三十一条の二第一項本文」とある

（登録料の納付期限）

第三二条　（略）

２・３　（略）

（既納の登録料の返還）

第三四条　（略）

２　（略）

（特許法の準用）

第四五条　特許法第百七十三条（再審の請求期間）、第百七十四条第二項及び第四項（審判の規定等の準用）並びに第百七十六条（再審の請求登録前の実施による通常実施権）の規定は、再審に準用する。この場合において、同法第百七十四条第二項中「第百三十一条第一項、第百三十一条の二第一項本文」とある

のは「実用新案法第三十八条第一項、同法第三十八条の二第一項本文」と、「第百三十四条第一項、第三項及び第四項」とあるのは「同法第三十九条第一項、第三項及び第四項」と、「から第百六十八条まで」とあるのは「、第百六十七条の二、同法第四十条」と読み替えるものとする。

2　（略）

（実用新案登録出願等に基づく優先権主張の特例）

第四八条の一〇　（略）

2・3　（略）

4　第八条第一項の先の出願が国際実用新案登録出願又は特許法第百八十四条の三第二項の国際特許出願である場合における第八条第一項から第三項まで及び第九条第一項の規定の適用については、第八条第一項及び第二項中「願書に最初に添付した明細書、実用新案登録請求の範囲若しくは特許請求の範囲又は図面」とあるのは「第四十八条の四第一項又は特許法第百八十四条の四第一項の国際出願日における国際出願の明細書、請求の範囲又は図面」と、同条第三項中「先の出願の願書に最初に添付した明細書、実用新案登録請求の範囲若しくは特許請求の範囲又は図面」とあるのは「先の出願の第四十八条の四第一項又は特許法第百八十四条の四第一項の国際出願日における国際出願の明細書、請求の範囲又は図面」と、「出願公開」とあるのは「千九百七十年六月十九日にワシントンで作成された特許協力条約第二十一条に規定する国際公開」と、第九条第一項中「その出願の日から経済産業省令で定める期間を経過した時」とあるのは「第四十八条の四第六項若しくは特許法第百八十四条の四第六項の国内処理基準時又は第四十八条の四第一項若しくは同法第百八十四条の四第一項の国際出願日から経済産業省令で

のは「実用新案法第三十八条第一項、同法第三十八条の二第一項本文」と、「第百三十四条第一項、第三項及び第四項」とあるのは「同法第三十九条第一項、第三項及び第四項」と、「から第百六十八条まで」とあるのは「、第百六十七条の二、同法第四十条」と読み替えるものとする。

2　（略）

（実用新案登録出願等に基づく優先権主張の特例）

第四八条の一〇　（略）

2・3　（略）

4　第八条第一項の先の出願が国際実用新案登録出願又は特許法第百八十四条の三第二項の国際特許出願である場合における第八条第一項から第三項まで及び第九条第一項の規定の適用については、第八条第一項及び第二項中「願書に最初に添付した明細書、実用新案登録請求の範囲若しくは特許請求の範囲又は図面」とあるのは「第四十八条の四第一項又は特許法第百八十四条の四第一項の国際出願日における国際出願の明細書、請求の範囲又は図面」と、同条第三項中「先の出願の願書に最初に添付した明細書、実用新案登録請求の範囲若しくは特許請求の範囲又は図面」とあるのは「先の出願の第四十八条の四第一項又は特許法第百八十四条の四第一項の国際出願日における国際出願の明細書、請求の範囲又は図面」と、「出願公開」とあるのは「千九百七十年六月十九日にワシントンで作成された特許協力条約第二十一条に規定する国際公開」と、第九条第一項中「その出願の日から一年三月を経過した時」とあるのは「第四十八条の四第六項若しくは特許法第百八十四条の四第六項の国内処理基準時又は第四十八条の四第一項若しくは同法第百八十四条の四第一項の国際出願日から一年三月を経過した時のいずれか

定める期間を経過した時のいずれか遅い時」とする。

（決定により実用新案登録出願とみなされる国際出願）

第四八条の一六　（略）

2～4　（略）

5　第四十八条の六第一項及び第二項、第四十八条の七、第四十八条の八第三項、第四十八条の九、第四十八条の十第一項、第三項及び第四項、第四十八条の十二から第四十八条の十四まで並びに特許法第百八十四条の三第二項、第百八十四条の九第六項、第百八十四条の十二第一項及び第百八十四条の十四の規定は、前項の規定により実用新案登録出願とみなされた国際出願に準用する。この場合において、これらの規定の準用に関し必要な技術的読替えは、政令で定める。

（二以上の請求項に係る実用新案登録又は実用新案権についての特則）

第五〇条の二　二以上の請求項に係る実用新案登録又は実用新案権についての第十二条第二項、第十四条の二第八項、第二十六条において準用する特許法第九十七条第一項若しくは第九十八条第一項第一号、第三十四条第一項第三号、第三十七条第三項、第四十一条において準用する同法第百二十五条、第四十一条において、若しくは第四十五条第一項において準用する同法第百七十四条第三項において、それぞれ準用する同法第百三十二条第一項、第四十四条、第四十五条第一項において準用する同

遅い時」とする。

（決定により実用新案登録出願とみなされる国際出願）

第四八条の一六　（略）

2～4　（略）

5　前項の規定により実用新案登録出願とみなされた国際出願についての手続の補正については、第二条の二第一項ただし書中「実用新案登録出願の日」とあるのは、「第四十八条の十六第四項に規定する決定の日」とする。

6　第四十八条の六第一項及び第二項、第四十八条の七、第四十八条の八第三項、第四十八条の九、第四十八条の十第一項、第三項及び第四項、第四十八条の十二から第四十八条の十四まで並びに特許法第百八十四条の三第二項、第百八十四条の九第六項、第百八十四条の十二第一項及び第百八十四条の十四の規定は、第四項の規定により実用新案登録出願とみなされた国際出願に準用する。この場合において、これらの規定の準用に関し必要な技術的読替えは、政令で定める。

（二以上の請求項に係る実用新案登録又は実用新案権についての特則）

第五〇条の二　二以上の請求項に係る実用新案登録又は実用新案権についての第十二条第二項、第十四条の二第八項、第二十六条において準用する特許法第九十七条第一項若しくは第九十八条第一項第一号、第三十四条第一項第三号、第三十七条第三項、第四十一条において準用する同法第百二十五条、第四十一条において、若しくは第四十五条第一項において準用する同法第百七十四条第二項において、それぞれ準用する同法第百三十二条第一項、第四十四条、第四十五条第一項において準用する同

法第百七十六条、第四十九条第一項第一号又は第五十三条第二項において準用する同法第百九十三条第二項第五号の規定の適用については、請求項ごとに実用新案登録がされ、又は実用新案権があるものとみなす。

（実用新案公報）

第五三条　（略）

2　特許法第百九十三条第二項（第五号から第七号まで、第九号及び第十号に係る部分に限る。）の規定は、実用新案公報に準用する。

（手数料）

第五四条　（略）

2・3　（略）

4　実用新案権又は実用新案登録を受ける権利が国と国以外の者との共有に係る場合であつて持分の定めがあるときは、国と国以外の者が自己の実用新案権又は実用新案登録を受ける権利について第一項又は第二項の規定により納付すべき手数料（実用新案技術評価の請求の手数料以外の政令で定める手数料に限る。）は、これらの規定にかかわらず、これらの規定に規定する手数料の金額に国以外の者の持分の割合を乗じて得た額とし、国以外の者がその額を納付しなければならない。

5〜8　（略）

（手数料の返還）

第五四条の二　（略）

2〜11　（略）

12　第二項、第四項若しくは第六項、第八項又は第十項の規定に

法第百七十六条、第四十九条第一項第一号又は第五十三条第二項において準用する同法第百九十三条第二項第四号の規定の適用については、請求項ごとに実用新案登録がされ、又は実用新案権があるものとみなす。

（実用新案公報）

第五三条　（略）

2　特許法第百九十三条第二項（第四号から第六号まで、第八号及び第九号に係る部分に限る。）の規定は、実用新案公報に準用する。

（手数料）

第五四条　（略）

2・3　（略）

4　実用新案権又は実用新案登録を受ける権利が国と国以外の者との共有に係る場合であつて持分の定めがあるときは、国と国以外の者が自己の実用新案権又は実用新案登録を受ける権利について第一項又は第二項の規定により納付すべき手数料（実用新案技術評価の請求の手数料以外の政令で定める手数料に限る。）は、これらの規定にかかわらず、これらに規定する手数料の金額に国以外の者の持分の割合を乗じて得た額とし、国以外の者がその額を納付しなければならない。

5〜8　（略）

（手数料の返還）

第五四条の二　（略）

2〜11　（略）

よる手数料の返還を請求する者がその責めに帰することができない理由により、第三項、第七項、第九項又は前項に規定する期間内にその請求をすることができないときは、これらの規定にかかわらず、その理由がなくなつた日から十四日（在外者にあつては、二月）以内でこれらの規定に規定する期間の経過後六月以内にその請求をすることができる。

（過料）

第六二条　第二十六条において準用する特許法第七十一条第三項において、第四十一条において、又は第四十五条第一項において準用する同法第百七十四条第三項において、それぞれ準用する同法第百五十一条において準用する民事訴訟法第二百七条第一項の規定により宣誓した者が特許庁又はその嘱託を受けた裁判所に対し虚偽の陳述をしたときは、十万円以下の過料に処する。

（過料）

第六二条　第二十六条において準用する特許法第七十一条第三項において、第四十一条において、又は第四十五条第一項において準用する同法第百七十四条第二項において、それぞれ準用する同法第百五十一条において準用する民事訴訟法第二百七条第一項の規定により宣誓した者が特許庁又はその嘱託を受けた裁判所に対し虚偽の陳述をしたときは、十万円以下の過料に処する。

○意匠法（第三条関係）

改正

目次

第一章　総則（第一条・第二条）
第二章　意匠登録及び意匠登録出願（第三条―第一五条）
第三章　審査（第一六条―第一九条）
第四章　意匠権
　第一節　意匠権（第二〇条―第三六条）
　第二節　権利侵害（第三七条―第四一条）
　第三節　登録料（第四二条―第四五条）
第五章　審判（第四六条―第五二条）
第六章　再審及び訴訟（第五三条―第六〇条の二）
第六章の二　ジュネーブ改正協定に基づく特例
　第一節　国際登録出願（第六〇条の三―第六〇条の五）
　第二節　国際意匠登録出願に係る特例（第六〇条の六―第六〇条の二三）
第七章　雑則（第六〇条の二四―第六八条）
第八章　罰則（第六九条―第七七条）
附則

（意匠の新規性の喪失の例外）
第四条　（略）
2　（略）
3　前項の規定の適用を受けようとする者は、その旨を記載した書面を意匠登録出願と同時に特許庁長官に提出し、かつ、第三

現行

目次

第一章　総則（第一条・第二条）
第二章　意匠登録及び意匠登録出願（第三条―第一五条）
第三章　審査（第一六条―第一九条）
第四章　意匠権
　第一節　意匠権（第二〇条―第三六条）
　第二節　権利侵害（第三七条―第四一条）
　第三節　登録料（第四二条―第四五条）
第五章　審判（第四六条―第五二条）
第六章　再審及び訴訟（第五三条―第六〇条の二）
第七章　雑則（第六〇条の三―第六八条）
第八章　罰則（第六九条―第七七条）
附則

（意匠の新規性の喪失の例外）
第四条　（略）
2　（略）
3　前項の規定の適用を受けようとする者は、その旨を記載した書面を意匠登録出願と同時に特許庁長官に提出し、かつ、第三

条第一項第一号又は第二号に該当するに至つた意匠が前項の規定の適用を受けることができる意匠であることを証明する書面（次項において「証明書」という。）を意匠登録出願の日から三十日以内に特許庁長官に提出しなければならない。

4　証明書を提出する者がその責めに帰することができない理由により前項に規定する期間内に証明書を提出することができないときは、同項の規定にかかわらず、その理由がなくなつた日から十四日（在外者にあつては、二月）以内でその期間の経過後六月以内にその証明書を特許庁長官に提出することができる。

（関連意匠）

第一〇条　意匠登録出願人は、自己の意匠登録出願に係る意匠又は自己の登録意匠のうちから選択した一の意匠（以下「本意匠」という。）に類似する意匠（以下「関連意匠」という。）については、当該関連意匠の意匠登録出願の日（第十五条において準用する特許法第四十三条第一項又は第四十三条の三第一項若しくは第二項の規定による優先権の主張を伴う意匠登録出願にあつては、最初の出願若しくは千九百年十二月十四日にブラッセルで、千九百十一年六月二日にワシントンで、千九百二十五年十一月六日にヘーグで、千九百三十四年六月二日にロンドンで、千九百五十八年十月三十一日にリスボンで及び千九百六十七年七月十四日にストックホルムで改正された工業所有権の保護に関する千八百八十三年三月二十日のパリ条約第四条C(4)の規定により最初の出願とみなされた出願又は同条A(2)の規定により最初の出願と認められた出願の日。以下この項において同じ。）がその本意匠の意匠登録出願の日以後であつて、第二十条第三項の規定によりその本意匠の意匠登録出願が掲載された意匠公

条第一項第一号又は第二号に該当するに至つた意匠が前項の規定の適用を受けることができる意匠であることを証明する書面を意匠登録出願の日から三十日以内に特許庁長官に提出しなければならない。

（関連意匠）

第一〇条　意匠登録出願人は、自己の意匠登録出願に係る意匠又は自己の登録意匠のうちから選択した一の意匠（以下「本意匠」という。）に類似する意匠（以下「関連意匠」という。）については、当該関連意匠の意匠登録出願の日（第十五条において準用する特許法第四十三条第一項又は第四十三条の二第一項若しくは第二項の規定による優先権の主張を伴う意匠登録出願にあつては、最初の出願若しくは千九百年十二月十四日にブラッセルで、千九百十一年六月二日にワシントンで、千九百二十五年十一月六日にヘーグで、千九百三十四年六月二日にロンドンで、千九百五十八年十月三十一日にリスボンで及び千九百六十七年七月十四日にストックホルムで改正された工業所有権の保護に関する千八百八十三年三月二十日のパリ条約第四条C(4)の規定により最初の出願とみなされた出願又は同条A(2)の規定により最初の出願と認められた出願の日。以下この項において同じ。）がその本意匠の意匠登録出願の日以後であつて、第二十条第三項の規定によりその本意匠の意匠登録出願が掲載された意匠公

報（同条第四項の規定により同条第三項第四号に掲げる事項が掲載されたものを除く。）の発行の日前である場合に限り、第九条第一項又は第二項の規定にかかわらず、意匠登録を受けることができる。

２～４　（略）

（意匠登録出願の分割）

第一〇条の二　（略）

２　前項の規定による意匠登録出願の分割があつたときは、新たな意匠登録出願は、もとの意匠登録出願の時にしたものとみなす。ただし、第四条第三項並びに第十五条第一項において準用する特許法第四十三条第一項及び第二項（これらの規定を第十五条第一項において準用する同法第四十三条の三第三項において準用する場合を含む。）の規定の適用については、この限りでない。

３　第一項に規定する新たな意匠登録出願をする場合には、もとの意匠登録出願について提出された書面又は書類であつて、新たな意匠登録出願について第四条第三項又は第十五条第一項において準用する特許法第四十三条第一項及び第二項（これらの規定を第十五条第一項において準用する同法第四十三条の三第三項において準用する場合を含む。）の規定により提出しなければならないものは、当該新たな意匠登録出願と同時に特許庁長官に提出されたものとみなす。

（特許法の準用）

第一五条　特許法第三十八条（共同出願）、第四十三条第一項から第四項まで、第六項及び第七項（パリ条約による優先権主張の手続）並びに第四十三条の三（パリ条約の例による優先権主

報（同条第四項の規定により同条第三項第四号に掲げる事項が掲載されたものを除く。）の発行の日前である場合に限り、第九条第一項又は第二項の規定にかかわらず、意匠登録を受けることができる。

２～４　（略）

（意匠登録出願の分割）

第一〇条の二　（略）

２　前項の規定による意匠登録出願の分割があつたときは、新たな意匠登録出願は、もとの意匠登録出願の時にしたものとみなす。ただし、第四条第三項並びに第十五条第一項において準用する特許法第四十三条第一項及び第二項（第十五条第一項において準用する同法第四十三条の二第三項において準用する場合を含む。）の規定の適用については、この限りでない。

３　第一項に規定する新たな意匠登録出願をする場合には、もとの意匠登録出願について提出された書面又は書類であつて、新たな意匠登録出願について第四条第三項又は第十五条第一項において準用する特許法第四十三条第一項及び第二項（第十五条第一項において準用する同法第四十三条の二第三項において準用する場合を含む。）の規定により提出しなければならないものは、当該新たな意匠登録出願と同時に特許庁長官に提出されたものとみなす。

（特許法の準用）

第一五条　特許法第三十八条（共同出願）、第四十三条第一項から第四項まで（パリ条約による優先権主張の手続）及び第四十三条の二（パリ条約の例による優先権主張）の規定は、意

張）の規定は、意匠登録出願に準用する。この場合において、同法第四十三条第一項中「経済産業省令で定める期間内」とあるのは「意匠登録出願と同時」と、同条第二項中「次の各号に掲げる日のうち最先の日から一年四月」とあるのは「意匠登録出願の日から三月」と、同法第四十三条の三第三項中「前二条」とあるのは「第四十三条」と読み替えるものとする。

2・3 （略）

（意匠権の移転の特例）

第二十六条の二 （略）

2 （略）

3 第一項の規定による請求に基づく意匠権の移転の登録があつたときは、その意匠権は、初めから当該登録を受けた者に帰属していたものとみなす。当該意匠権に係る意匠についての第六十条の十二第一項の規定による請求権についても、同様とする。

4 （略）

（登録料の納付期限）

第四三条 （略）

2・3 （略）

4 登録料を納付する者がその責めに帰することができない理由により第一項に規定する期間内にその登録料を納付することができないときは、同項の規定にかかわらず、その理由がなくなつた日から十四日（在外者にあつては、二月）以内でその期間の経過後六月以内にその登録料を納付することができる。

匠登録出願に準用する。この場合において、同法第四十三条第二項中「次の各号に掲げる日のうち最先の日から一年四月」とあるのは、「意匠登録出願の日から三月」と読み替えるものとする。

2・3 （略）

（意匠権の移転の特例）

第二十六条の二 （略）

2 （略）

3 第一項の規定による請求に基づく意匠権の移転の登録があつたときは、その意匠権は、初めから当該登録を受けた者に帰属していたものとみなす。

4 （略）

（登録料の納付期限）

第四三条 （略）

2・3 （略）

（特許法の準用）

第四五条　特許法第百十条（利害関係人による特許料の納付）及び第百十一条第一項（第三号を除く。）から第三項まで（既納の特許料の返還）の規定は、登録料に準用する。

（特許法の準用）

第五八条　特許法第百七十三条及び第百七十四条第五項の規定は、再審に準用する。

2・3　（略）

4　特許法第百七十四条第三項の規定は、意匠登録無効審判の確定審決に対する再審に準用する。

第六章の二　ジュネーブ改正協定に基づく特例

第一節　国際登録出願

（国際登録出願）

第六〇条の三　日本国民又は日本国内に住所若しくは居所（法人にあつては、営業所）を有する外国人は、特許庁長官に意匠の国際登録に関するハーグ協定のジュネーブ改正協定（以下「ジュネーブ改正協定」という。）第一条(vii)に規定する国際出願（以下「国際出願」という。）をすることができる。この場合において、経済産業省令で定める要件に該当するときは、二人以上が共同して国際出願をすることができる。

2　前項の規定による国際出願（以下「国際登録出願」という。）をしようとする者は、経済産業省令で定めるところにより外国語で作成した願書及び必要な物件を提出しなければならない。

（特許法の準用）

第四五条　特許法第百十条（利害関係人による特許料の納付）並びに第百十一条第一項（第三号を除く。）及び第二項（既納の特許料の返還）の規定は、登録料に準用する。

（特許法の準用）

第五八条　特許法第百七十三条及び第百七十四条第四項の規定は、再審に準用する。

2・3　（略）

4　特許法第百七十四条第二項の規定は、意匠登録無効審判の確定審決に対する再審に準用する。

（意匠登録出願に関する規定の準用）

第六〇条の四　第六十八条第二項において準用する特許法第十七条第三項（第三号に係る部分に限る。）及び第十八条第一項の規定は、国際登録出願に準用する。

（経済産業省令への委任）

第六〇条の五　前二条に定めるもののほか、国際登録出願に関しジュネーブ改正協定及びジュネーブ改正協定に基づく規則を実施するため必要な事項の細目は、経済産業省令で定める。

第二節　国際意匠登録出願に係る特例

（国際出願による意匠登録出願）

第六〇条の六　日本国をジュネーブ改正協定第一条(xix)に規定する指定締約国とする国際出願であつて、その国際出願に係るジュネーブ改正協定第一条(vi)に規定する国際登録（以下「国際登録」という。）についてジュネーブ改正協定第十条(3)(a)の規定による公表（以下「国際公表」という。）がされたものは、経済産業省令で定めるところにより、ジュネーブ改正協定第十条(2)に規定する国際登録の日（以下「国際登録の日」という。）にされた意匠登録出願とみなす。

2　二以上の意匠を包含する国際出願についての前項の規定の適用については、同項中「された意匠登録出願」とあるのは、「国際登録の対象である意匠ごとにされた意匠登録出願」とする。

3　第一項（前項の規定により読み替えて適用する場合を含む。）の規定により意匠登録出願とみなされた国際出願（以下「国際意匠登録出願」という。）に係るジュネーブ改正協定第一条(viii)に規定する国際登録簿（以下「国際登録簿」という。）に記録された次の表の上欄に掲げる事項は、第六条第一項の規定により提出した願書に記載された同表の下欄に掲げる事項とみなす。

国際登録の名義人の氏名又は名称及びその住所	国際登録の対象である意匠の創作をした者の氏名及びその住所
国際登録の対象である意匠を構成する一若しくは二以上の製品又は国際登録の対象である意匠が使用されることになる一若しくは二以上の製品	意匠登録出願人の氏名又は名称及び住所又は居所
意匠の創作をした者の氏名及び住所又は居所	意匠に係る物品

4　国際意匠登録出願に係る国際登録簿に記録された意匠は、第六条第一項の規定により提出した図面に記載された意匠登録を受けようとする意匠とみなす。

（意匠の新規性の喪失の例外の特例）

第六〇条の七　第四条第二項の規定の適用を受けようとする国際意匠登録出願の出願人は、その旨を記載した書面及び第三条第一項第一号又は第二号に該当するに至つた意匠が第四条第二項の規定の適用を受けることができる意匠であることを証明する書面を、同条第三項の規定にかかわらず、国際公表があつた日後経済産業省令で定める期間内に特許庁長官に提出することができる。

（関連意匠の登録の特例）

第六〇条の八　本意匠の意匠登録出願と関連意匠の意匠登録出願

の少なくともいずれか一方が国際意匠登録出願である場合における第十条第一項の規定の適用については、同項中「又は第四十三条の三第一項若しくは第二項の規定による」とあるのは、「若しくは第四十三条の三第一項若しくは第二項又はジュネーブ改正協定第六条(1)(a)の規定による」とする。

（秘密意匠の特例）

第六〇条の九　国際意匠登録出願の出願人については、第十四条の規定は、適用しない。

（パリ条約等による優先権主張の手続の特例）

第六〇条の一〇　国際意匠登録出願については、第十五条第一項において読み替えて準用する特許法第四十三条第一項から第四項まで、第六項及び第七項（第十五条第一項において準用する同法第四十三条の三第三項において読み替えて準用する場合を含む。）並びに第四十三条の三第二項の規定は、適用しない。

2　特許法第四十三条第二項から第四項まで、第六項及び第七項の規定は、ジュネーブ改正協定第六条(1)(a)の規定による優先権の主張をした者に準用する。この場合において、同法第四十三条第二項中「次の各号に掲げる日のうち最先の日から一年四月以内」とあるのは、「経済産業省令で定める期間内」と読み替えるものとする。

（意匠登録を受ける権利の特例）

第六〇条の一一　国際意匠登録出願についての第十五条第二項において準用する特許法第三十四条第四項の規定の適用については、同項中「相続その他の一般承継の場合を除き、特許庁長官」とあるのは、「ジュネーブ改正協定第一条(xxviii)に規定する国際事務局」とする。

2　国際意匠登録出願については、第十五条第二項において準用する特許法第三十四条第五項及び第六項の規定は、適用しない。

（国際公表の効果等）

第六〇条の一二　国際意匠登録出願の出願人は、国際公表があつた後に国際意匠登録出願に係る意匠を記載した書面を提示して警告をしたときは、その警告後意匠権の設定の登録前に業としてその国際意匠登録出願に係る意匠又はこれに類似する意匠を実施した者に対し、その国際意匠登録出願に係る意匠が登録意匠である場合にその登録意匠又はこれに類似する意匠の実施に対し受けるべき金銭の額に相当する額の補償金の支払を請求することができる。当該警告をしない場合においても、国際公表がされた国際意匠登録出願に係る意匠であることを知つて意匠権の設定の登録前に業としてその国際公表がされた国際意匠登録出願に係る意匠又はこれに類似する意匠を実施した者に対しては、同様とする。

2　特許法第六十五条第二項から第六項までの規定は、前項の規定により請求権を行使する場合に準用する。この場合において、同条第五項中「出願公開後」とあるのは「国際公表後」と、同条第六項中「第百一条、第百四条から第百四条の三まで、第百五条、第百五条の二、第百五条の四から第百五条の七まで及び」とあるのは「意匠法第三十八条、同法第四十一条において準用する特許法第百四条の二から第百五条の二まで及び第百五条の四から第百五条の六まで並びに意匠法第五十二条において準用する特許法」と読み替えるものとする。

（意匠権の設定の登録の特例）

第六〇条の一三　国際意匠登録出願についての第二十条第二項の規定の適用については、同項中「第四十二条第一項第一号の規定による第一年分の登録料の納付」とあるのは、「意匠登録をすべき旨の査定又は審決」とする。

（国際登録の消滅による効果）

第六〇条の一四　国際意匠登録出願は、その基礎とした国際登録が消滅したときは、取り下げられたものとみなす。

2　前条の規定により読み替えて適用する第二十条第二項の規定により設定の登録を受けた意匠権（以下「国際登録を基礎とした意匠権」という。）は、その基礎とした国際登録が消滅したときは、消滅したものとみなす。

3　前二項の効果は、国際登録簿から当該国際登録が消滅した日から生ずる。

（関連意匠の意匠権の移転の特例）

第六〇条の一五　本意匠の意匠権が国際登録を基礎とした意匠権である場合における第二十二条第二項の規定の適用については、同項中「第四十四条第四項」とあるのは、「第六十条の十四第二項」とする。

（関連意匠の意匠権についての専用実施権の設定の特例）

第六〇条の一六　本意匠の意匠権が国際登録を基礎とした意匠権である場合における第二十七条第三項の規定の適用については、同項中「第四十四条第四項」とあるのは、「第六十条の十四第二項」とする。

（意匠権の放棄の特例）

第六〇条の一七　国際登録を基礎とした意匠権を有する者は、その意匠権を放棄することができる。

2　国際登録を基礎とした意匠権については、第三十六条において準用する特許法第九十七条第一項の規定は、適用しない。

（意匠権の登録の効果の特例）

第六〇条の一八　国際登録を基礎とした意匠権の移転、信託による変更、放棄による消滅又は処分の制限は、登録しなければ、その効力を生じない。

2　国際登録を基礎とした意匠権については、第三十六条において準用する特許法第九十八条第一項第一号及び第二項の規定は、適用しない。

（意匠原簿への登録の特例）

第六〇条の一九　国際登録を基礎とした意匠権についての第六十一条第一項第一号の規定の適用については、同号中「意匠権の設定、移転、信託による変更、消滅、回復又は処分の制限」とあるのは、「意匠権の設定、信託による変更、消滅（存続期間の満了によるものに限る。）又は処分の制限」とする。

2　国際登録を基礎とした意匠権の移転又は消滅（存続期間の満了によるものを除く。）は、国際登録簿に登録されたところによる。

（意匠公報の特例）

第六〇条の二〇　国際登録を基礎とした意匠権についての第六十六条第二項第一号の規定の適用については、同号中「第四十四条第四項の規定によるものを除く。）又は回復（第四十四条の二第二項の規定によるものに限る。）」とあるのは、「第六十条の十四第二項の規定によるもの（ジュネーブ改正協定第十七条(2)の更新がなかつたことによるものに限る。）を除く。）」とする。

（国際意匠登録出願の個別指定手数料）

第六〇条の二一　国際意匠登録出願をしようとする者は、ジュネーブ改正協定第七条(2)の個別の指定手数料（以下「個別指定手数料」という。）として、一件ごとに、七万四千六百円に相当する額をジュネーブ改正協定第一条(xxviii)に規定する国際事務局（次項において「国際事務局」という。）に納付しなければならない。

2　国際意匠登録出願又は国際登録を基礎とした意匠権が基礎とした国際登録についてジュネーブ改正協定第十七条(2)の更新（国際登録の日から十五年を経過した後にするものを除く。）をする者は、個別指定手数料として、一件ごとに、八万四千五百円に相当する額を国際事務局に納付しなければならない。

3　国際意匠登録出願及び国際登録を基礎とした意匠権については、第四十二条から第四十五条まで及び第六十七条第二項（別表第一号に掲げる部分に限る。）の規定は、適用しない。

（個別指定手数料の返還）

第六〇条の二二　国際意匠登録出願が取り下げられ、又は国際意匠登録出願について拒絶をすべき旨の査定若しくは審決が確定したときは、前条第一項又は第二項の規定により納付すべき個別指定手数料を納付した者の請求により政令で定める額を返還する。

2　前項の規定による個別指定手数料の返還は、国際意匠登録出願が取り下げられ、又は国際意匠登録出願について拒絶をすべき旨の査定若しくは審決が確定した日から六月を経過した後は、請求することができない。

3　第一項の規定による個別指定手数料の返還を請求する者がその責めに帰することができない理由により前項に規定する期間内にその請求をすることができないときは、同項の規定にかかわらず、その理由がなくなつた日から十四日（在外者にあつては、二月）以内でその期間の経過後六月以内にその請求をすることができる。

（経済産業省令への委任）

第六〇条の二三　第六十条の六から前条までに定めるもののほか、ジュネーブ改正協定及びジュネーブ改正協定に基づく規則を実施するため必要な事項の細目は、経済産業省令で定める。

（手続の補正）

第六〇条の二四　（略）

（手数料）

第六七条　次に掲げる者は、実費を勘案して政令で定める額の手数料を納付しなければならない。

一～三　（略）

四　国際登録出願をする者

五～九　（略）

2・3　（略）

4　意匠権又は意匠登録を受ける権利が国と国以外の者との共有に係る場合であつて持分の定めがあるときは、国と国以外の者が自己の意匠権又は意匠登録を受ける権利について第一項又は

（手続の補正）

第六〇条の三　（略）

（手数料）

第六七条　次に掲げる者は、実費を勘案して政令で定める額の手数料を納付しなければならない。

一～三　（略）

四～八　（略）

2・3　（略）

4　意匠権又は意匠登録を受ける権利が国と国以外の者との共有に係る場合であつて持分の定めがあるときは、国と国以外の者が自己の意匠権又は意匠登録を受ける権利について第一項又は

第二項の規定により納付すべき手数料（政令で定めるものに限る。）は、これらの規定にかかわらず、これらの規定に規定する手数料の金額に国以外の者の持分の割合を乗じて得た額とし、国以外の者がその額を納付しなければならない。

5～8 （略）

9 第七項の規定による手数料の返還を請求する者がその責めに帰することができない理由により前項に規定する期間内にその請求をすることができないときは、同項の規定にかかわらず、その理由がなくなつた日から十四日（在外者にあつては、二月）以内でその期間の経過後六月以内にその請求をすることができる。

（秘密保持命令違反の罪）

第七三条の二 第四十一条において準用する特許法第百五条の四第一項（第六十条の十二第二項において読み替えて準用する同法第六十五条第六項において準用する場合を含む。）の規定による命令に違反した者は、五年以下の懲役若しくは五百万円以下の罰金に処し、又はこれを併科する。

2・3 （略）

（過料）

第七五条 第二十五条第三項において準用する特許法第七十一条第三項において、第五十二条において、第五十八条第二項若しくは第三項において、又は同条第四項において準用する同法第百七十四条第三項において、それぞれ準用する同法第百五十一条において準用する民事訴訟法第二百七条第一項の規定により宣誓した者が特許庁又はその嘱託を受けた裁判所に対し虚偽の陳述をしたときは、十万円以下の過料に処する。

第二項の規定により納付すべき手数料（政令で定めるものに限る。）は、これらの規定にかかわらず、これらに規定する手数料の金額に国以外の者の持分の割合を乗じて得た額とし、国以外の者がその額を納付しなければならない。

5～8 （略）

（秘密保持命令違反の罪）

第七三条の二 第四十一条において準用する特許法第百五条の四第一項の規定による命令に違反した者は、五年以下の懲役若しくは五百万円以下の罰金に処し、又はこれを併科する。

2・3 （略）

（過料）

第七五条 第二十五条第三項において準用する特許法第七十一条第三項において、第五十二条において、第五十八条第二項若しくは第三項において、又は同条第四項において準用する同法第百七十四条第二項において、それぞれ準用する同法第百五十一条において準用する民事訴訟法第二百七条第一項の規定により宣誓した者が特許庁又はその嘱託を受けた裁判所に対し虚偽の陳述をしたときは、十万円以下の過料に処する。

○商標法（第四条関係）

改正

（定義等）

第二条　この法律で「商標」とは、人の知覚によつて認識することができるもののうち、文字、図形、記号、立体的形状若しくは色彩又はこれらの結合、音その他政令で定めるもの（以下「標章」という。）であつて、次に掲げるものをいう。

一・二　（略）

2　（略）

3　この法律で標章について「使用」とは、次に掲げる行為をいう。

一～八　（略）

九　音の標章にあつては、前各号に掲げるもののほか、商品の譲渡若しくは引渡し又は役務の提供のために音の標章を発する行為

十　前各号に掲げるもののほか、政令で定める行為

4　前項において、商品その他の物に標章を付することには、次の各号に掲げる各標章については、それぞれ当該各号に掲げることが含まれるものとする。

一　文字、図形、記号若しくは立体的形状若しくはこれらの結合又はこれらと色彩との結合の標章　商品若しくは商品の包装、役務の提供の用に供する物又は商品若しくは役務に関する広告を標章の形状とすること。

二　音の標章　商品、役務の提供の用に供する物又は商品若しくは役務に関する広告に記録媒体が取り付けられている場合

現行

（定義等）

第二条　この法律で「商標」とは、文字、図形、記号若しくは立体的形状若しくはこれらの結合又はこれらと色彩との結合（以下「標章」という。）であつて、次に掲げるものをいう。

一・二　（略）

2　（略）

3　この法律で標章について「使用」とは、次に掲げる行為をいう。

一～八　（略）

4　前項において、商品その他の物に標章を付することには、商品若しくは商品の包装、役務の提供の用に供する物又は商品若しくは役務に関する広告を標章の形状とすることが含まれるものとする。

（商品、役務の提供の用に供する物又は商品若しくは役務に関する広告自体が記録媒体である場合を含む。）において、当該記録媒体に標章を記録すること。

５・６　（略）

（商標登録の要件）

第三条　自己の業務に係る商品又は役務について使用をする商標については、次に掲げる商標を除き、商標登録を受けることができる。

一・二　（略）

三　その商品の産地、販売地、品質、原材料、効能、用途、形状（包装の形状を含む。第二十六条第一項第二号及び第三号において同じ。）、生産若しくは使用の方法若しくは時期その他の特徴、数量若しくは価格又はその役務の提供の場所、質、提供の用に供する物、効能、用途、態様、提供の方法若しくは時期その他の特徴、数量若しくは価格を普通に用いられる方法で表示する標章のみからなる商標

四～六　（略）

２　（略）

（商標登録を受けることができない商標）

第四条　次に掲げる商標については、前条の規定にかかわらず、商標登録を受けることができない。

一・二　（略）

三　国際連合その他の国際機関（ロにおいて「国際機関」という。）を表示する標章であって経済産業大臣が指定するものと同一又は類似の商標（次に掲げるものを除く。）

イ　自己の業務に係る商品若しくは役務を表示するものとし

５・６　（略）

（商標登録の要件）

第三条　自己の業務に係る商品又は役務について使用をする商標については、次に掲げる商標を除き、商標登録を受けることができる。

一・二　（略）

三　その商品の産地、販売地、品質、原材料、効能、用途、数量、形状（包装の形状を含む。）、価格若しくは生産若しくは使用の方法若しくは時期又はその役務の提供の場所、質、提供の用に供する物、効能、用途、数量、態様、価格若しくは提供の方法若しくは時期を普通に用いられる方法で表示する標章のみからなる商標

四～六　（略）

２　（略）

（商標登録を受けることができない商標）

第四条　次に掲げる商標については、前条の規定にかかわらず、商標登録を受けることができない。

一・二　（略）

三　国際連合その他の国際機関を表示する標章であって経済産業大臣が指定するものと同一又は類似の商標

て需要者の間に広く認識されている商標又はこれに類似するものであつて、その商品若しくは役務又はこれらに類似する商品若しくは役務について使用をするもの

ロ　国際機関の略称を表示する標章と同一又は類似の標章からなる商標であつて、その国際機関と関係があるとの誤認を生ずるおそれがない商品又は役務について使用をするもの

四～十七　（略）

十八　商品等（商品若しくは商品の包装又は役務をいう。第二十六条第一項第五号において同じ。）が当然に備える特徴のうち政令で定めるもののみからなる商標

十九　（略）

2・3　（略）

（商標登録出願）

第五条　（略）

2　次に掲げる商標について商標登録を受けようとするときは、その旨を願書に記載しなければならない。

一　商標に係る文字、図形、記号、立体的形状又は色彩が変化するものであつて、その変化の前後にわたるその文字、図形、記号、立体的形状若しくは色彩又はこれらの結合からなる商標

二　立体的形状（文字、図形、記号若しくは色彩又はこれらの結合との結合を含む。）からなる商標（前号に掲げるものを除く。）

三　色彩のみからなる商標（第一号に掲げるものを除く。）

四　音からなる商標

五　前各号に掲げるもののほか、経済産業省令で定める商標

四～十七　（略）

十八　商品又は商品の包装の形状であつて、その商品又は商品の包装の機能を確保するために不可欠な立体的形状のみからなる商標

十九　（略）

2・3　（略）

（商標登録出願）

第五条　（略）

2　商標登録を受けようとする商標が立体的形状（文字、図形、記号若しくは色彩又はこれらの結合との結合を含む。）からなる商標（以下「立体商標」という。）について商標登録を受けようとするときは、その旨を願書に記載しなければならない。

3　（略）

4　経済産業省令で定める商標について商標登録を受けようとするときは、経済産業省令で定めるところにより、その商標の詳細な説明を願書に記載し、又は経済産業省令で定める物件を願書に添付しなければならない。

5　前項の記載及び物件は、商標登録を受けようとする商標を特定するものでなければならない。

6　（略）

（地域団体商標）

第七条の二　事業協同組合その他の特別の法律により設立された組合（法人格を有しないものを除き、当該特別の法律において、正当な理由がないのに、構成員たる資格を有する者の加入を拒み、又はその加入につき現在の構成員が加入の際に付されたよりも困難な条件を付してはならない旨の定めのあるものに限る。）、商工会、商工会議所若しくは特定非営利活動促進法（平成十年法律第七号）第二条第二項に規定する特定非営利活動法人又はこれらに相当する外国の法人（以下「組合等」という。）は、その構成員に使用をさせる商標であつて、次の各号のいずれかに該当するものについて、その商標が使用をされた結果自己又はその構成員の業務に係る商品又は役務を表示するものとして需要者の間に広く認識されているときは、第三条の規定（同条第一項第一号又は第二号に係る場合を除く。）にかかわらず、地域団体商標の商標登録を受けることができる。

一～三　（略）

2～4　（略）

3　（略）

4　（略）

（地域団体商標）

第七条の二　事業協同組合その他の特別の法律により設立された組合（法人格を有しないものを除き、当該特別の法律において、正当な理由がないのに、構成員たる資格を有する者の加入を拒み、又はその加入につき現在の構成員が加入の際に付されたよりも困難な条件を付してはならない旨の定めのあるものに限る。）又はこれに相当する外国の法人（以下「組合等」という。）は、その構成員に使用をさせる商標であつて、次の各号のいずれかに該当するものについて、その商標が使用をされた結果自己又はその構成員の業務に係る商品又は役務を表示するものとして需要者の間に広く認識されているときは、第三条の規定（同条第一項第一号又は第二号に係る場合を除く。）にかかわらず、地域団体商標の商標登録を受けることができる。

一～三　（略）

2～4　（略）

（出願時の特例）

第九条　（略）

2　商標登録出願に係る商標について前項の規定の適用を受けようとする者は、その旨を記載した書面を商標登録出願と同時に特許庁長官に提出し、かつ、その商標登録出願に係る商標及び商品又は役務が同項に規定する商標及び商品又は役務であることを証明する書面（次項において「証明書」という。）を商標登録出願の日から三十日以内に特許庁長官に提出しなければならない。

3　証明書を提出する者がその責めに帰することができない理由により前項に規定する期間内に証明書を提出することができないときは、同項の規定にかかわらず、その理由がなくなつた日から十四日（在外者にあつては、二月）以内でその期間の経過後六月以内にその証明書を特許庁長官に提出することができる。

（商標登録出願の分割）

第一〇条　（略）

2　前項の場合は、新たな商標登録出願は、もとの商標登録出願の時にしたものとみなす。ただし、第九条第二項並びに第十三条第一項において準用する特許法（昭和三十四年法律第百二十一号）第四十三条第一項及び第二項（これらの規定を第十三条第一項において準用する同法第四十三条の三第三項において準用する場合を含む。）の規定の適用については、この限りでない。

3　第一項に規定する新たな商標登録出願をする場合には、もとの商標登録出願について提出された書面又は書類であつて、新たな商標登録出願について第九条第二項又は第十三条第一項に

（出願時の特例）

第九条　（略）

2　商標登録出願に係る商標について前項の規定の適用を受けようとする者は、その旨を記載した書面を商標登録出願と同時に特許庁長官に提出し、かつ、その商標登録出願に係る商標及び商品又は役務が同項に規定する商標及び商品又は役務であることを証明する書面を商標登録出願の日から三十日以内に特許庁長官に提出しなければならない。

（商標登録出願の分割）

第一〇条　（略）

2　前項の場合は、新たな商標登録出願は、もとの商標登録出願の時にしたものとみなす。ただし、第九条第二項並びに第十三条第一項において準用する特許法（昭和三十四年法律第百二十一号）第四十三条第一項及び第二項（第十三条第一項において準用する同法第四十三条の二第三項において準用する場合を含む。）の規定の適用については、この限りでない。

3　第一項に規定する新たな商標登録出願をする場合には、もとの商標登録出願について提出された書面又は書類であつて、新たな商標登録出願について第九条第二項又は第十三条第一項に

おいて準用する特許法第四十三条第一項及び第二項（これらの規定を第十三条第一項において準用する同法第四十三条の三第三項において準用する場合を含む。）の規定により提出しなければならないものは、当該新たな商標登録出願と同時に特許庁長官に提出されたものとみなす。

（出願公開）

第十二条の二　（略）

2　出願公開は、次に掲げる事項を商標公報に掲載することにより行う。ただし、第三号及び第四号に掲げる事項については、当該事項を商標公報に掲載することが公の秩序又は善良の風俗を害するおそれがあると特許庁長官が認めるときは、この限りでない。

一・二　（略）

三　願書に記載した商標（第五条第三項に規定する場合にあつては標準文字により現したもの。以下同じ。）

四・五　（略）

（特許法の準用）

第十三条　特許法第四十三条第一項から第四項まで、第六項及び第七項並びに第四十三条の三第二項及び第三項の規定は、商標登録出願に準用する。この場合において、同法第四十三条第一項中「経済産業省令で定める期間内」とあるのは「商標登録出願と同時」と、同条第二項中「次の各号に掲げる日のうち最先の日から一年四月」とあるのは「商標登録出願の日から三月」と、同法第四十三条の三第二項中「又は世界貿易機関の加盟国」とあるのは「、世界貿易機関の加盟国又は商標法条約の締約国」と、

おいて準用する特許法第四十三条第一項及び第二項（第十三条第一項において準用する同法第四十三条の二第三項において準用する場合を含む。）の規定により提出しなければならないものは、当該新たな商標登録出願と同時に特許庁長官に提出されたものとみなす。

（出願公開）

第十二条の二　（略）

2　出願公開は、次に掲げる事項を商標公報に掲載することにより行う。ただし、第三号及び第四号に掲げる事項については、当該事項を商標公報に掲載することが公の秩序又は善良の風俗を害するおそれがあると特許庁長官が認めるときは、この限りでない。

一・二　（略）

三　願書に記載した商標（第五条第三項に規定する場合にあつては標準文字により現したもの。第十八条第三項第三号及び第二十七条第一項において同じ。）

四・五　（略）

（特許法の準用）

第十三条　特許法第四十三条第一項から第四項まで並びに第四十三条の二第二項及び第三項の規定は、商標登録出願に準用する。この場合において、同法第四十三条第二項中「次の各号に掲げる日のうち最先の日から一年四月」とあるのは「商標登録出願の日から三月」と、同法第四十三条の二第二項中「又は世界貿易機関の加盟国」とあるのは「、世界貿易機関の加盟国又は商標法条約の締約国」と、同項中「若しくは世界貿易機関の加盟国の国民」とあるのは「、世界貿易機関の加盟国の国民

「若しくは世界貿易機関の加盟国の国民」とあるのは「、世界貿易機関の加盟国の国民若しくは商標法条約の締約国の国民」と、同条第三項中「前二条」とあるのは「第四十三条」と、「前二項」とあるのは「前項」と読み替えるものとする。

2　（略）

（拒絶の査定）

第一五条　審査官は、商標登録出願が次の各号のいずれかに該当するときは、その商標登録出願について拒絶をすべき旨の査定をしなければならない。

一・二　（略）

三　その商標登録出願が第五条第五項又は第六条第一項若しくは第二項に規定する要件を満たしていないとき。

（特許法の準用）

第一七条　特許法第四十七条第二項（審査官の資格）、第四十八条（審査官の除斥）、第五十二条（査定の方式）及び第五十四条（訴訟との関係）の規定は、商標登録出願の審査に準用する。

（商標権の分割）

第二四条　（略）

2　前項の分割は、商標権の消滅後においても、第四十六条第三項の審判の請求があつたときは、その事件が審判、再審又は訴訟に係属している場合に限り、することができる。

若しくは商標法条約の締約国の国民」と、同条第三項中「前二項」とあるのは「前項」と読み替えるものとする。

2　（略）

（拒絶の査定）

第一五条　審査官は、商標登録出願が次の各号のいずれかに該当するときは、その商標登録出願について拒絶をすべき旨の査定をしなければならない。

一・二　（略）

三　その商標登録出願が第六条第一項又は第二項に規定する要件を満たしていないとき。

（特許法の準用）

第一七条　特許法第四十七条第二項（審査官の資格）、第四十八条（審査官の除斥）、第五十二条（査定の方式）及び第五十四条（訴訟との関係）の規定は、商標登録出願の審査に準用する。この場合において、同法第五十四条第一項中「審決」とあるのは、「登録異議の申立てについての決定若しくは審決」と読み替えるものとする。

（商標権の分割）

第二四条　（略）

2　前項の分割は、商標権の消滅後においても、第四十六条第二項の審判の請求があつたときは、その事件が審判、再審又は訴訟に係属している場合に限り、することができる。

（商標権の効力が及ばない範囲）

第二十六条　商標権の効力は、次に掲げる商標（他の商標の一部となつているものを含む。）には、及ばない。

一　（略）

二　当該指定商品若しくはこれに類似する商品の普通名称、産地、販売地、品質、原材料、効能、用途、形状、生産若しくは使用の方法若しくは時期その他の特徴、数量若しくは価格又は当該指定商品に類似する役務の普通名称、提供の場所、質、提供の用に供する物、効能、用途、態様、提供の方法若しくは時期その他の特徴、数量若しくは価格を普通に用いられる方法で表示する商標

三　当該指定役務若しくはこれに類似する役務の普通名称、提供の場所、質、提供の用に供する物、効能、用途、態様、提供の方法若しくは時期その他の特徴、数量若しくは価格又は当該指定役務に類似する商品の普通名称、産地、販売地、品質、原材料、効能、用途、形状、生産若しくは使用の方法若しくは時期その他の特徴、数量若しくは価格を普通に用いられる方法で表示する商標

四　（略）

五　商品等が当然に備える特徴のうち政令で定めるもののみからなる商標

六　前各号に掲げるもののほか、需要者が何人かの業務に係る商品又は役務であることを認識することができる態様により使用されていない商標

2　（略）

（登録商標等の範囲）

第二十七条　（略）

（商標権の効力が及ばない範囲）

第二十六条　商標権の効力は、次に掲げる商標（他の商標の一部となつているものを含む。）には、及ばない。

一　（略）

二　当該指定商品若しくはこれに類似する商品の普通名称、産地、販売地、品質、原材料、効能、用途、数量、形状（包装の形状を含む。次号において同じ。）、価格若しくは生産若しくは使用の方法若しくは時期又は当該指定商品に類似する役務の普通名称、提供の場所、質、提供の用に供する物、効能、用途、数量、態様、価格若しくは提供の方法若しくは時期を普通に用いられる方法で表示する商標

三　当該指定役務若しくはこれに類似する役務の普通名称、提供の場所、質、提供の用に供する物、効能、用途、数量、態様、価格若しくは提供の方法若しくは時期又は当該指定役務に類似する商品の普通名称、産地、販売地、品質、原材料、効能、用途、数量、形状、価格若しくは生産若しくは使用の方法若しくは時期を普通に用いられる方法で表示する商標

四　（略）

五　商品又は商品の包装の形状であつて、その商品又は商品の包装の機能を確保するために不可欠な立体的形状のみからなる商標

2　（略）

（登録商標等の範囲）

第二十七条　（略）

2　（略）

3　第一項の場合においては、第五条第四項の記載及び物件を考慮して、願書に記載した商標の記載の意義を解釈するものとする。

（他人の特許権等との関係）

第二九条　商標権者、専用使用権者又は通常使用権者は、指定商品又は指定役務についての登録商標の使用がその使用の態様によりその商標登録出願の日前の出願に係る他人の特許権、実用新案権若しくは意匠権又はその商標登録出願の日前に生じた他人の著作権若しくは著作隣接権と抵触するときは、指定商品又は指定役務のうち抵触する部分についてその態様により登録商標の使用をすることができない。

（登録料）

第四〇条　（略）

2・3　（略）

4　第一項又は第二項の登録料は、商標権が国と国以外の者との共有に係る場合であつて持分の定めがあるときは、第一項又は第二項の規定にかかわらず、これらの規定に規定する登録料の金額に国以外の者の持分の割合を乗じて得た額とし、国以外の者がその額を納付しなければならない。

5・6　（略）

（登録料の納付期限）

第四一条　（略）

2・3　（略）

4　登録料を納付する者がその責めに帰することができない理由

2　（略）

（他人の特許権等との関係）

第二九条　商標権者、専用使用権者又は通常使用権者は、指定商品又は指定役務についての登録商標の使用がその使用の態様によりその商標登録出願の日前の出願に係る他人の特許権、実用新案権若しくは意匠権又はその商標登録出願の日前に生じた他人の著作権と抵触するときは、指定商品又は指定役務のうち抵触する部分についてその態様により登録商標の使用をすることができない。

（登録料）

第四〇条　（略）

2・3　（略）

4　第一項又は第二項の登録料は、商標権が国と国以外の者との共有に係る場合であつて持分の定めがあるときは、第一項又は第二項の規定にかかわらず、これらに規定する登録料の金額に国以外の者の持分の割合を乗じて得た額とし、国以外の者がその額を納付しなければならない。

5・6　（略）

（登録料の納付期限）

第四一条　（略）

2・3　（略）

により第一項に規定する期間内にその登録料を納付することができないときは、同項の規定にかかわらず、その理由がなくなつた日から十四日（在外者にあつては、二月）以内でその期間の経過後六月以内にその登録料を納付することができる。

（登録料の分割納付）

第四一条の二　（略）

2～5　（略）

6　前条第二項及び第四項の規定は、第一項の規定により商標登録をすべき旨の査定又は審決の謄本の送達があつた日から三十日以内に納付しなければならない登録料を納付する場合に準用する。

（既納の登録料の返還）

第四二条　（略）

2　（略）

3　第一項の規定による登録料の返還を請求する者がその責めに帰することができない理由により前項に規定する期間内にその請求をすることができないときは、同項の規定にかかわらず、その理由がなくなつた日から十四日（在外者にあつては、二月）以内でその期間の経過後六月以内にその請求をすることができる。

（登録異議の申立て）

第四三条の二　何人も、商標掲載公報の発行の日から二月以内に限り、特許庁長官に、商標登録が次の各号のいずれかに該当することを理由として登録異議の申立てをすることができる。この場合において、二以上の指定商品又は指定役務に係る商標登

（登録料の分割納付）

第四一条の二　（略）

2～5　（略）

6　前条第二項の規定は、第一項の規定により商標登録をすべき旨の査定又は審決の謄本の送達があつた日から三十日以内に納付しなければならない登録料を納付する場合に準用する。

（既納の登録料の返還）

第四二条　（略）

2　（略）

（登録異議の申立て）

第四三条の二　何人も、商標掲載公報の発行の日から二月以内に限り、特許庁長官に、商標登録が次の各号のいずれかに該当することを理由として登録異議の申立てをすることができる。この場合において、二以上の指定商品又は指定役務に係る商標登

録については、指定商品又は指定役務ごとに登録異議の申立てをすることができる。

一・二　（略）

三　その商標登録が第五条第五項に規定する要件を満たしていない商標登録出願に対してされたこと。

（申立ての方式等）

第四三条の四　（略）

2～4　（略）

5　第四十六条第四項の規定は、登録異議の申立てがあった場合に準用する。

（商標登録の無効の審判）

第四六条　商標登録が次の各号のいずれかに該当するときは、その商標登録を無効にすることについて審判を請求することができる。この場合において、商標登録に係る指定商品又は指定役務が二以上のものについては、指定商品又は指定役務ごとに請求することができる。

一・二　（略）

三　その商標登録が第五条第五項に規定する要件を満たしていない商標登録出願に対してされたとき。

四～七　（略）

2　前項の審判は、利害関係人に限り請求することができる。

3　第一項の審判は、商標権の消滅後においても、請求することができる。

4　（略）

第四六条の二　商標登録を無効にすべき旨の審決が確定したとき

録については、指定商品又は指定役務ごとに登録異議の申立てをすることができる。

一・二　（略）

（申立ての方式等）

第四三条の四　（略）

2～4　（略）

5　第四十六条第三項の規定は、登録異議の申立てがあった場合に準用する。

（商標登録の無効の審判）

第四六条　商標登録が次の各号のいずれかに該当するときは、その商標登録を無効にすることについて審判を請求することができる。この場合において、商標登録に係る指定商品又は指定役務が二以上のものについては、指定商品又は指定役務ごとに請求することができる。

一・二　（略）

三～六　（略）

2　前項の審判は、商標権の消滅後においても、請求することができる。

3　（略）

第四六条の二　商標登録を無効にすべき旨の審決が確定したとき

は、商標権は、初めから存在しなかつたものとみなす。ただし、商標登録が前条第一項第五号から第七号までに該当する場合において、その商標登録を無効にすべき旨の審決が確定したときは、商標権は、その商標登録が同項第五号から第七号までに該当するに至つた時から存在しなかつたものとみなす。

2　前項ただし書の場合において、商標登録が前条第一項第五号から第七号までに該当するに至つた時を特定できないときは、商標権は、その商標登録を無効にすべき旨の審判の請求の登録の日から存在しなかつたものとみなす。

第四七条　商標登録が第三条、第四条第一項第八号若しくは第十一号から第十四号まで若しくは第八条第一項、第二項若しくは第五項の規定に違反してされたとき、商標登録が第四条第一項第十号若しくは第十七号の規定に違反してされたとき（不正競争の目的で商標登録を受けた場合を除く。）、商標登録が同項第十五号の規定に違反してされたとき（不正の目的で商標登録を受けた場合を除く。）又は商標登録が第四十六条第一項第四号に該当するときは、その商標登録についての同項の審判は、商標権の設定の登録の日から五年を経過した後は、請求することができない。

2　（略）

第五五条　第四十六条第四項の規定は、第五十条第一項、第五十一条第一項、第五十二条の二第一項、第五十三条第一項又は第五十三条の二の審判の請求があつた場合に準用する。

（特許法の準用）

第五六条　特許法第百三十一条第一項、第百三十一条の二第一項

は、商標権は、初めから存在しなかつたものとみなす。ただし、商標登録が前条第一項第四号から第六号までに該当する場合において、その商標登録を無効にすべき旨の審決が確定したときは、商標権は、その商標登録が同項第四号から第六号までに該当するに至つた時から存在しなかつたものとみなす。

2　前項ただし書の場合において、商標登録が前条第一項第四号から第六号までに該当するに至つた時を特定できないときは、商標権は、その商標登録を無効にすべき旨の審判の請求の登録の日から存在しなかつたものとみなす。

第四七条　商標登録が第三条、第四条第一項第八号若しくは第十一号から第十四号まで若しくは第八条第一項、第二項若しくは第五項の規定に違反してされたとき、商標登録が第四条第一項第十号若しくは第十七号の規定に違反してされたとき（不正競争の目的で商標登録を受けた場合を除く。）、商標登録が第四条第一項第十五号の規定に違反してされたとき（不正の目的で商標登録を受けた場合を除く。）又は商標登録が第四十六条第一項第三号に該当するときは、その商標登録についての同項の審判は、商標権の設定の登録の日から五年を経過した後は、請求することができない。

2　（略）

第五五条　第四十六条第三項の規定は、第五十条第一項、第五十一条第一項、第五十二条の二第一項、第五十三条第一項又は第五十三条の二の審判の請求があつた場合に準用する。

（特許法の準用）

第五六条　特許法第百三十一条第一項、第百三十一条の二第一項

（第二号及び第三号を除く。）、第百三十二条から第百三十三条の二まで、第百三十四条第一項、第三項及び第四項、第百三十五条から第百五十四条まで、第百五十五条第一項及び第二項、第百五十六条第一項、第三項及び第四項、第百五十七条、第百五十八条、第百六十条第一項及び第二項、第百六十一条、第百六十七条並びに第百六十八条から第百七十条まで（審決の効果、審判の請求、審判官、審判の手続、訴訟との関係及び審判における費用）の規定は、審判に準用する。この場合において、同法第百三十一条の二第一項第一号中「特許無効審判以外の審判を請求する場合における前条第一項第三号に掲げる請求の理由」とあるのは「商標法第四十六条第一項の審判以外の審判を請求する場合における同法第五十六条第一項において準用する特許法第百三十一条第一項第三号に掲げる請求の理由」と、同法第百三十二条第一項及び第百六十七条中「特許無効審判又は延長登録無効審判」とあり、並びに同法第百四十五条第一項及び第百六十九条第一項中「特許無効審判及び延長登録無効審判」とあるのは「商標法第四十六条第一項、第五十条第一項、第五十一条第一項、第五十二条の二第一項、第五十三条第一項又は第五十三条の二の審判」と、同法第百五十六条第一項中「特許無効審判以外の審判においては、事件が」とあるのは「事件が」と、同法第百六十一条中「拒絶査定不服審判」とあり、及び同法第百六十九条第三項中「拒絶査定不服審判及び訂正審判」とあるのは「商標法第四十四条第一項又は第四十五条第一項の審判」と読み替えるものとする。

（第二号及び第三号を除く。）、第百三十二条から第百三十三条の二まで、第百三十四条第一項、第三項及び第四項、第百三十五条から第百五十四条まで、第百五十五条第一項及び第二項、第百五十六条第一項、第三項及び第四項、第百五十七条、第百五十八条、第百六十条第一項及び第二項、第百六十一条、第百六十七条並びに第百六十八条から第百七十条まで（審決の効果、審判の請求、審判官、審判の手続、訴訟との関係及び審判における費用）の規定は、審判に準用する。この場合において、同法第百三十一条の二第一項第一号中「特許無効審判以外の審判を請求する場合における前条第一項第三号に掲げる請求の理由」とあるのは「商標法第四十六条第一項の審判以外の審判を請求する場合における同法第五十六条第一項において準用する特許法第百三十一条第一項第三号に掲げる請求の理由」と、同法第百三十二条第一項及び第百六十七条中「特許無効審判又は延長登録無効審判」とあり、並びに同法第百四十五条第一項及び第百六十九条第一項中「特許無効審判及び延長登録無効審判」とあるのは「商標法第四十六条第一項、第五十条第一項、第五十一条第一項、第五十二条の二第一項、第五十三条第一項又は第五十三条の二の審判」と、同法第百三十九条第一号、第二号及び第五号中「当事者若しくは参加人」とあるのは「当事者、参加人若しくは登録異議申立人」と、同条第三号中「当事者又は参加人」とあるのは「当事者、参加人又は登録異議申立人」と、同法第百五十六条第一項中「特許無効審判以外の審判においては、事件が」とあるのは「事件が」と、同法第百六十一条中「拒絶査定不服審判」とあり、及び同法第百六十九条第三項中「拒絶査定不服審判及び訂正審判」とあるのは「商標法第四十四条第一項又は第四十五条第一項の審判」と、同法第百六十八条第一項中「他の審判の審決」とあるのは

2　（略）

（特許法の準用）

第六十一条　特許法第百七十三条（再審の請求期間）並びに第百七十四条第三項及び第五項（審判の規定等の準用）の規定は、再審に準用する。この場合において、同条第三項中「第百六十七条から第百六十八条まで」とあるのは「第百六十七条、第百六十八条」と、「特許無効審判又は延長登録無効審判」とあるのは「商標法第四十六条第一項、第五十条第一項、第五十一条第一項、第五十二条の二第一項、第五十三条第一項又は第五十三条の二の審判」と読み替えるものとする。

（審決等に対する訴え）

第六十三条　（略）

2　特許法第百七十八条第二項から第六項まで（出訴期間等）及び第百七十九条から第百八十二条まで（被告適格、出訴の通知等、審決取消訴訟における特許庁長官の意見、審決又は決定の取消し及び裁判の正本等の送付）の規定は、前項の訴えに準用する。この場合において、同法第百七十九条中「特許無効審判若しくは延長登録無効審判」とあるのは、「商標法第四十六条第一項、第五十条第一項、第五十一条第一項、第五十二条の二第一項、第五十三条第一項若しくは第五十三条の二の審判」と読み替えるものとする。

「登録異議の申立てについての決定若しくは他の審判の審決」と読み替えるものとする。

2　（略）

（特許法の準用）

第六十一条　特許法第百七十三条（再審の請求期間）並びに第百七十四条第二項及び第四項（審判の規定等の準用）の規定は、再審に準用する。この場合において、同法第百七十三条第一項及び第三項から第五項までの規定中「審決」とあるのは「取消決定又は審決」と、同法第百七十四条第二項中「第百六十七条から第百六十八条まで」とあるのは「第百六十七条、第百六十八条」と、「特許無効審判又は延長登録無効審判」とあるのは「商標法第四十六条第一項、第五十条第一項、第五十一条第一項、第五十二条の二第一項、第五十三条第一項又は第五十三条の二の審判」と読み替えるものとする。

（審決等に対する訴え）

第六十三条　（略）

2　特許法第百七十八条第二項から第六項まで（出訴期間等）及び第百七十九条から第百八十二条まで（被告適格、出訴の通知等、審決取消訴訟における特許庁長官の意見、審決又は決定の取消し及び裁判の正本等の送付）の規定は、前項の訴えに準用する。この場合において、同法第百七十八条第二項中「当該審判」とあるのは「当該登録異議の申立てについての審理、審判」と、同法第百七十九条中「特許無効審判若しくは延長登録無効審判」とあるのは「商標法第四十六条第一項、第五十条第一項、第五十一条第一項、第五十二条の二第一項、第五十三条第一項若しくは第五十三条の二の審判」と読み替えるものとする。

（登録料の納付期限）

第六五条の八　（略）

2・3　（略）

4　登録料を納付する者がその責めに帰することができない理由により第一項又は第二項に規定する期間内にその登録料を納付することができないときは、これらの規定にかかわらず、その理由がなくなつた日から十四日（在外者にあつては、二月）以内でこれらの規定に規定する期間の経過後六月以内にその登録料を納付することができる。

（過誤納の登録料の返還）

第六五条の一〇　（略）

2　（略）

3　第一項の規定による登録料の返還を請求する者がその責めに帰することができない理由により前項に規定する期間内にその請求をすることができないときは、同項の規定にかかわらず、その理由がなくなつた日から十四日（在外者にあつては、二月）以内でその期間の経過後六月以内にその請求をすることができる。

（商標に関する規定の準用）

第六八条　（略）

2　第十四条から第十五条の二まで及び第十六条から第十七条の二までの規定は、防護標章登録出願の審査に準用する。この場合において、第十五条第一号中「第三条、第四条第一項、第七条の二第一項、第八条第二項若しくは第五項、第五十一条第二項（第五十二条の二第二項において準用する場合を含む。）、第

（登録料の納付期限）

第六五条の八　（略）

2・3　（略）

（過誤納の登録料の返還）

第六五条の一〇　（略）

2　（略）

（商標に関する規定の準用）

第六八条　（略）

2　第十四条から第十五条の二まで及び第十六条から第十七条の二までの規定は、防護標章登録出願の審査に準用する。この場合において、第十五条第一号中「第三条、第四条第一項、第七条の二第一項、第八条第二項若しくは第五項、第五十一条第二項（第五十二条の二第二項において準用する場合を含む。）、第

五十三条第二項」とあるのは「第六十四条」と、同条第三号中「第五条第五項又は第六条第一項若しくは第二項」とあるのは「第六条第一項又は第二項」と読み替えるものとする。

3　（略）

4　第四十三条の二（第三号を除く。）から第四十五条まで、第四十六条（第一項第三号及び第七号を除く。）、第四十六条の二、第五十三条の二、第五十三条の三、第五十四条第一項及び第五十五条の二から第五十六条の二までの規定は、防護標章登録に係る登録異議の申立て及び審判に準用する。この場合において、第四十三条の二第一号及び第四十六条第一項第一号中「第三条、第四条第一項、第七条の二第一項、第八条第一項、第二項若しくは第五項、第五十一条第二項（第五十二条の二第二項において準用する場合を含む。）、第五十三条第二項」とあるのは「第六十四条」と、同項第六号中「その登録商標が第四条第一項第一号から第三号まで、第五号、第七号又は第十六号に掲げる商標に該当するものとなつているとき」とあるのは「その商標登録が第六十四条の規定に違反することとなつたとき」と読み替えるものとする。

5　（略）

（商標登録出願に関する規定の準用）

第六十八条の七　第七十七条第二項において準用する特許法第十七条第三項（第三号に係る部分に限る。）及び第十八条第一項の規定は、国際登録出願、事後指定、国際登録の存続期間の更新の申請及び国際登録の名義人の変更の記録の請求に準用する。

（領域指定による商標登録出願）

五十三条第二項」とあるのは、「第六十四条」と読み替えるものとする。

3　（略）

4　第四十三条の二から第四十五条まで、第四十六条（第一項第六号を除く。）、第四十六条の二、第五十三条の二、第五十三条の三、第五十四条第一項及び第五十五条の二から第五十六条の二までの規定は、防護標章登録に係る登録異議の申立て及び審判に準用する。この場合において、第四十三条の二第一号及び第四十六条第一項第一号中「第三条、第四条第一項、第七条の二第一項、第八条第一項、第二項若しくは第五項、第五十一条第二項（第五十二条の二第二項において準用する場合を含む。）、第五十三条第二項」とあるのは「第六十四条」と、同項第五号中「その登録商標が第四条第一項第一号から第三号まで、第五号、第七号又は第十六号に掲げる商標に該当するものとなつているとき」とあるのは「その商標登録が第六十四条の規定に違反することとなつたとき」と読み替えるものとする。

5　（略）

（商標登録出願に関する規定の準用）

第六十八条の七　第七十七条第二項において準用する特許法第十七条第三項（第三号に係る部分に限る。）及び同法第十八条第一項の規定は、国際登録出願、事後指定、国際登録の存続期間の更新の申請及び国際登録の名義人の変更の記録の請求に準用する。

（領域指定による商標登録出願）

第六八条の九　（略）

2　日本国を指定する国際登録に係る国際登録簿における次の表の上欄に掲げる事項は、第五条第一項の規定により提出した願書に記載された同表の下欄に掲げる事項とみなす。

上欄	下欄
（略）	（略）
国際登録簿に記載されている事項のうち国際登録の対象である商標の記載の意義を解釈するために必要な事項として経済産業省令で定めるもの	商標の詳細な説明

（パリ条約等による優先権主張の手続の特例）

第六八条の一五　国際商標登録出願については、第十三条第一項において読み替えて準用する特許法第四十三条第一項から第四項まで、第六項及び第七項の規定は、適用しない。

2　国際商標登録出願についての第十三条第一項において読み替えて準用する特許法第四十三条の三第三項において準用する同法第四十三条第一項の規定の適用については、同項中「経済産業省令で定める期間内」とあるのは、「国際商標登録出願の日から三十日以内」とする。

（商標権の登録の効果の特例）

第六八条の二六　国際登録に基づく商標権の移転、信託による変更、放棄による消滅又は処分の制限は、登録しなければ、その効力を生じない。

2　（略）

（手続の補正の特例）

第六八条の九　（略）

2　日本国を指定する国際登録に係る国際登録簿における次の表の上欄に掲げる事項は、第五条第一項の規定により提出した願書に記載された同表の下欄に掲げる事項とみなす。

上欄	下欄
（略）	（略）

（パリ条約等による優先権主張の手続の特例）

第六八条の一五　国際商標登録出願については、第十三条第一項において読み替えて準用する特許法第四十三条第一項から第四項までの規定は、適用しない。

2　国際商標登録出願についての第十三条第一項において読み替えて準用する特許法第四十三条の二第三項において準用する同法第四十三条第一項の規定の適用については、同項中「特許出願と同時」とあるのは、「国際商標登録出願の日から三十日以内」とする。

（商標権の登録の効果の特例）

第六八条の二六　国際登録に基づく商標権の移転、放棄による消滅又は処分の制限は、登録しなければ、その効力を生じない。

2　（略）

（手続の補正の特例）

第六八条の二八　（略）

2　国際商標登録出願については、第六十八条の九第二項の規定により商標の詳細な説明とみなされた事項を除き、第六十八条の四十の規定は、適用しない。

（国際登録の取消し後の商標登録出願の特例）

第六八条の三二　（略）

2・3　（略）

4　第一項の国際登録に係る国際商標登録出願について第九条の三又は第十三条第一項において読み替えて準用する特許法第四十三条の三第二項の規定による優先権が認められていたときも、前項と同様とする。

5　（略）

6　第一項の規定による商標登録出願をする者がその責めに帰することができない理由により第二項第一号に規定する期間内にその出願をすることができないときは、同号の規定にかかわらず、その理由がなくなつた日から十四日（在外者にあつては、二月）以内でその期間の経過後六月以内にその出願をすることができる。

7　前項の規定によりされた商標登録出願は、第二項第一号に規定する期間が満了する時にされたものとみなす。

（議定書の廃棄後の商標登録出願の特例）

第六八条の三三　（略）

2　前条第二項から第七項までの規定は、前項の規定による商標登録出願に準用する。この場合において、同条第二項第一号中「同項の国際登録が取り消された日から三月以内」とあるのは、「議定書第十五条(3)の規定による廃棄の効力が生じた日から二

第六八条の二八　（略）

2　国際商標登録出願については、第六十八条の四十の規定は、適用しない。

（国際登録の取消し後の商標登録出願の特例）

第六八条の三二　（略）

2・3　（略）

4　第一項の国際登録に係る国際商標登録出願について第九条の三又は第十三条第一項において読み替えて準用する特許法第四十三条の二第二項の規定による優先権が認められていたときも、前項と同様とする。

5　（略）

（議定書の廃棄後の商標登録出願の特例）

第六八条の三三　（略）

2　前条第二項から第五項までの規定は、第一項の規定による商標登録出願に準用する。この場合において、前条第二項第一号中「同項の国際登録が取り消された日から三月以内」とあるのは、「議定書第十五条(3)の規定による廃棄の効力が生じた日か

年以内」と読み替えるものとする。

（指定商品又は指定役務が二以上の商標権についての特則）

第六九条　指定商品又は指定役務が二以上の商標登録又は商標権についての第十三条の二第四項（第六十八条第一項において準用する場合を含む。）、第二十条第四項、第三十三条第一項、第三十五条において準用する特許法第九十七条第一項若しくは第九十八条第一項第一号、第四十三条の三第三項、第四十六条第三項、第四十六条の二、第五十四条、第五十六条第一項において若しくは第六十一条において準用する同法第百七十四条第三項においてそれぞれ準用する同法第百三十二条第一項、第五十九条、第六十条、第七十一条第一項第一号又は第七十五条第二項第四号の規定の適用については、指定商品又は指定役務ごとに商標登録がされ、又は商標権があるものとみなす。

（登録商標に類似する商標等についての特則）

第七〇条　（略）

2・3　（略）

4　前三項の規定は、色彩のみからなる登録商標については、適用しない。

（証明等の請求）

第七二条　何人も、特許庁長官に対し、商標登録又は防護標章登録に関し、証明、書類の謄本若しくは抄本の交付、書類若しくは第五条第四項の物件の閲覧若しくは謄写又は商標原簿のうち磁気テープをもつて調製した部分に記録されている事項を記載した書類の交付を請求することができる。ただし、次に掲げる書類又は同項の物件については、特許庁長官が秘密を保持する

ら二年以内」と読み替えるものとする。

（指定商品又は指定役務が二以上の商標権についての特則）

第六九条　指定商品又は指定役務が二以上の商標登録又は商標権についての第十三条の二第四項（第六十八条第一項において準用する場合を含む。）、第二十条第四項、第三十三条第一項、第三十五条において準用する特許法第九十七条第一項若しくは第九十八条第一項第一号、第四十三条の三第三項、第四十六条第二項、第四十六条の二、第五十四条、第五十六条第一項において若しくは第六十一条において準用する同法第百七十四条第二項においてそれぞれ準用する同法第百三十二条第一項、第五十九条、第六十条、第七十一条第一項第一号又は第七十五条第二項第四号の規定の適用については、指定商品又は指定役務ごとに商標登録がされ、又は商標権があるものとみなす。

（登録商標に類似する商標等についての特則）

第七〇条　（略）

2・3　（略）

（証明等の請求）

第七二条　何人も、特許庁長官に対し、商標登録又は防護標章登録に関し、証明、書類の謄本若しくは抄本の交付、書類の閲覧若しくは謄写又は商標原簿のうち磁気テープをもつて調製した部分に記録されている事項を記載した書類の交付を請求することができる。ただし、次に掲げる書類については、特許庁長官が秘密を保持する必要があると認めるときは、この限りでない。

必要があると認めるときは、この限りでない。

一～三　（略）

2～4　（略）

（手数料）

第七六条　次に掲げる者は、実費を勘案して政令で定める額の手数料を納付しなければならない。

一～九　（略）

十　第七十二条第一項の規定により書類又は第五条第四項の物件の閲覧又は謄写を請求する者

十一　（略）

2・3　（略）

4　商標権、商標登録出願により生じた権利又は防護標章登録に基づく権利が国と国以外の者との共有に係る場合であつて持分の定めがあるときは、国と国以外の者が自己の商標権、商標登録出願により生じた権利又は防護標章登録に基づく権利について第一項又は第二項の規定により納付すべき手数料（政令で定めるものに限る。）は、これらの規定にかかわらず、これらの規定に規定する手数料の金額に国以外の者の持分の割合を乗じて得た額とし、国以外の者がその額を納付しなければならない。

5～8　（略）

9　第七項の規定による手数料の返還を請求する者がその責めに帰することができない理由により前項に規定する期間内にその請求をすることができないときは、同項の規定にかかわらず、その理由がなくなつた日から十四日（在外者にあつては、二月）以内でその期間の経過後六月以内にその請求をすることができる。

一～三　（略）

2～4　（略）

（手数料）

第七六条　次に掲げる者は、実費を勘案して政令で定める額の手数料を納付しなければならない。

一～九　（略）

十　第七十二条第一項の規定により書類の閲覧又は謄写を請求する者

十一　（略）

2・3　（略）

4　商標権、商標登録出願により生じた権利又は防護標章登録に基づく権利が国と国以外の者との共有に係る場合であつて持分の定めがあるときは、国と国以外の者が自己の商標権、商標登録出願により生じた権利又は防護標章登録に基づく権利について第一項又は第二項の規定により納付すべき手数料（政令で定めるものに限る。）は、これらの規定にかかわらず、これらに規定する手数料の金額に国以外の者の持分の割合を乗じて得た額とし、国以外の者がその額を納付しなければならない。

5～8　（略）

（特許法の準用）

第七七条　（略）

2　特許法第六条から第九条まで、第十一条から第十六条まで、第十七条第三項及び第四項、第十八条から第二十四条まで並びに第百九十四条（手続）の規定は、商標登録出願、防護標章登録出願、請求その他商標登録又は防護標章登録に関する手続に準用する。この場合において、同法第九条中「拒絶査定不服審判」とあるのは「商標法第四十四条第一項若しくは第四十五条第一項の審判」と、同法第十四条中「拒絶査定不服審判」とあるのは「商標法第四十四条第一項又は第四十五条第一項の審判」と、同法第十七条第三項中「二　手続がこの法律又はこの法律に基づく命令で定める方式に違反しているとき。」とあるのは「二　手続がこの法律又はこの法律に基づく命令で定める方式に違反しているとき。　二の二　手続について商標法第四十条第二項の規定による登録料又は同法第四十一条の二第二項の規定により更新登録の申請と同時に納付すべき登録料（商標法第四十三条第一項又は第二項の規定により納付すべき割増登録料を含む。）を納付しないとき。」と、同法第十八条の二第一項中「できないもの」とあるのは「できないもの（商標法第五条の二第一項各号（同法第六十八条第一項において準用する場合を含む。）に該当するものを除く。）」と読み替えるものとする。

（特許法の準用）

第七七条　（略）

2　特許法第六条から第九条まで、第十一条から第十六条まで、第十七条第三項及び第四項、第十八条から第二十四条まで並びに第百九十四条（手続）の規定は、商標登録出願、防護標章登録出願、請求その他商標登録又は防護標章登録に関する手続に準用する。この場合において、同法第六条第一項第一号中「出願審査の請求」とあるのは「登録異議の申立て」と、同法第七条第四項中「相手方が請求した審判又は再審」とあるのは「その商標権若しくは防護標章登録に基づく権利に係る登録異議の申立て又は相手方が請求した審判若しくは再審」と、同法第九条中「拒絶査定不服審判」とあるのは「商標法第四十四条第一項若しくは第四十五条第一項の審判」と、同法第十四条中「拒絶査定不服審判」とあるのは「商標法第四十四条第一項又は第四十五条第一項の審判」と、同法第十七条第三項中「二　手続がこの法律又はこの法律に基づく命令で定める方式に違反しているとき。」とあるのは「二　手続がこの法律又はこの法律に基づく命令で定める方式に違反しているとき。　二の二　手続について商標法第四十条第二項の規定による登録料又は同法第四十一条の二第二項の規定により更新登録の申請と同時に納付すべき登録料（商標法第四十三条第一項又は第二項の規定により納付すべき割増登録料を含む。）を納付しないとき。」と、同法第十八条の二第一項中「できないもの」とあるのは「できないもの（商標法第五条の二第一項各号（同法第六十八条第一項において準用する場合を含む。）に該当するものを除く。）」と、同法第二十三条第一項及び第二十四条中「審判」とあるのは「登録異議の申立てについての審理及び決定、審判」と、同法第百九十四条第一項中「審判」とあるのは「登録異議の申立て、

3〜7　（略）

（過料）

第八三条　第二十八条第三項（第六十八条第三項において準用する場合を含む。）において準用する特許法第七十一条第三項において、第四十三条の八（第六十条の二第一項及び第六十八条第四項において準用する場合を含む。）若しくは第五十六条第一項（第六十八条第四項において準用する場合を含む。）において、第六十一条（第六十八条第五項において準用する場合を含む。）において準用する同法第百七十四条第三項において、第六十二条第一項（第六十八条第五項において準用する場合を含む。）において準用する意匠法第五十八条第二項において、又は第六十二条第二項（第六十八条第五項において準用する場合を含む。）において準用する同法第五十八条第三項において、それぞれ準用する特許法第百五十一条において準用する民事訴訟法第二百七条第一項の規定により宣誓した者が特許庁又はその嘱託を受けた裁判所に対し虚偽の陳述をしたときは、十万円以下の過料に処する。

附　則

（特許法の準用）

第九条　特許法第四十七条第二項（審査官の資格）、第四十八条（審査官の除斥）、第五十二条（査定の方式）及び第五十四条（訴訟との関係）の規定は、書換登録の申請の審査に準用する。

審判」と読み替えるものとする。

3〜7　（略）

（過料）

第八三条　第二十八条第三項（第六十八条第三項において準用する場合を含む。）において準用する特許法第七十一条第三項において、第四十三条の八（第六十条の二第一項及び第六十八条第四項において準用する場合を含む。）若しくは第五十六条第一項（第六十八条第四項において準用する場合を含む。）において、第六十一条（第六十八条第五項において準用する場合を含む。）において準用する同法第百七十四条第二項において、第六十二条第一項（第六十八条第五項において準用する場合を含む。）において準用する意匠法第五十八条第二項において、又は第六十二条第二項（第六十八条第五項において準用する場合を含む。）において準用する同法第五十八条第三項において、それぞれ準用する特許法第百五十一条において準用する民事訴訟法第二百七条第一項の規定により宣誓した者が特許庁又はその嘱託を受けた裁判所に対し虚偽の陳述をしたときは、十万円以下の過料に処する。

附　則

（特許法の準用）

第九条　特許法第四十七条第二項（審査官の資格）、第四十八条（審査官の除斥）、第五十二条（査定の方式）及び第五十四条（訴訟との関係）の規定は、書換登録の申請の審査に準用する。この場合において、同法第五十四条第一項中「審決」とあるのは、「登録異議の申立てについての決定若しくは審決」と読み替え

（商標権の消滅）

第一一条　書換登録の申請をすべき者が附則第三条第二項若しくは第三項に規定する期間内に書換登録の申請をしなかつた場合、書換登録の申請について拒絶をすべき旨の査定若しくは審決が確定した場合、附則第十四条第一項の審判において書換登録を無効にすべき旨の審決が確定した場合又は附則第二十七条第二項において準用する特許法第十八条第一項若しくは第十八条の二第一項の規定により書換登録の申請が却下された場合には、その商標権は、存続期間満了日の後に到来する存続期間の満了の日に消滅する。

（書換登録の無効の審判）

第一四条　（略）

2　前項の審判は、利害関係人に限り請求することができる。

3　第一項の審判は、書換登録の日から五年を経過した後は、請求することができない。

4　第四十六条第三項及び第四項の規定は、書換登録の無効の審判に準用する。

（特許法の準用）

第一七条　特許法第百三十一条第一項、第百三十一条の二第一項（第二号及び第三号を除く。）、第百三十二条から第百三十三条の二まで、第百三十四条第一項、第三項及び第四項、第百三十五条から第百五十四条まで、第百五十五条第一項及び第二項、第百五十六条第一項、第三項及び第四項、第百五十七条、第百五十八条、第百六十条第一項及び第二項、第百六十一条、

るものとする。

（商標権の消滅）

第一一条　書換登録の申請をすべき者が附則第三条第二項若しくは第三項に規定する期間内に書換登録の申請をしなかつた場合、書換登録の申請について拒絶をすべき旨の査定若しくは審決が確定した場合、附則第十四条第一項の審判において書換登録を無効にすべき旨の審決が確定した場合又は附則第二十七条第二項において準用する特許法第十八条第一項若しくは同法第十八条の二第一項の規定により書換登録の申請が却下された場合には、その商標権は、存続期間満了日の後に到来する存続期間の満了の日に消滅する。

（書換登録の無効の審判）

第一四条　（略）

2　前項の審判は、書換登録の日から五年を経過した後は、請求することができない。

3　第四十六条第二項及び第三項の規定は、書換登録の無効の審判に準用する。

（特許法の準用）

第一七条　特許法第百三十一条第一項、第百三十一条の二第一項（第二号及び第三号を除く。）、第百三十二条から第百三十三条の二まで、第百三十四条第一項、第三項及び第四項、第百三十五条から第百五十四条まで、第百五十五条第一項及び第二項、第百五十六条第一項、第三項及び第四項、第百五十七条、第百五十八条、第百六十条第一項及び第二項、第百六十一条、

第百六十七条並びに第百六十八条から第百七十条まで（審決の
効果、審判の請求、審判官、審判の手続、訴訟との関係及び審
判における費用）の規定は、書換登録についての審判に準用す
る。この場合において、同法第百三十一条の二第一項第一号中
「特許無効審判以外の審判を請求する場合における前条第一項
第三号に掲げる請求の理由」とあるのは「商標法附則第十四条
第一項の審判以外の審判を請求する場合における同法附則第
十七条第一項において準用する特許法第百三十一条第一項第三
号に掲げる請求の理由」と、同法第百三十二条第一項及び第
百六十七条中「特許無効審判又は延長登録無効審判」とあり、
並びに同法第百四十五条第一項及び第百六十九条第一項中「特
許無効審判及び延長登録無効審判」とあるのは「商標法附則第
十四条第一項の審判」と、同法第百五十六条第一項中「特許無
効審判以外の審判においては、事件が」とあるのは「事件が」と、
同法第百六十一条中「拒絶査定不服審判」とあり、及び同法第
百六十九条第三項中「拒絶査定不服審判及び訂正審判」とある
のは「商標法附則第十三条において準用する第四十四条第一項
の審判」と読み替えるものとする。

2 （略）

（特許法の準用）

第二〇条 特許法第百七十三条（再審の請求期間）並びに第
百七十四条第三項及び第五項（審判の規定等の準用）の規定は、
書換登録についての再審に準用する。この場合において、同条
第三項中「第百六十七条から第百六十八条まで」とあるのは「第
百六十七条、第百六十八条」と、「特許無効審判又は延長登録

第百六十七条並びに第百六十八条から第百七十条まで（審決の
効果、審判の請求、審判官、審判の手続、訴訟との関係及び審
判における費用）の規定は、書換登録についての審判に準用す
る。この場合において、同法第百三十一条の二第一項第一号中
「特許無効審判以外の審判を請求する場合における前条第一項
第三号に掲げる請求の理由」とあるのは「商標法附則第十四条
第一項の審判以外の審判を請求する場合における同法附則第
十七条第一項において準用する特許法第百三十一条第一項第三
号に掲げる請求の理由」と、同法第百三十二条第一項及び第
百六十七条中「特許無効審判又は延長登録無効審判」とあり、
並びに同法第百四十五条第一項及び第百六十九条第一項中「特
許無効審判及び延長登録無効審判」とあるのは「商標法附則第
十四条第一項の審判」と、同法第百五十六条第一項中「特許無
効審判以外の審判においては、事件が」とあるのは「事件が」と、
同法第百六十一条中「拒絶査定不服審判」とあり、及び同法第
百六十九条第三項中「拒絶査定不服審判及び訂正審判」とある
のは「商標法附則第十三条において準用する第四十四条第一項
の審判」と、同法第百六十八条第一項中「他の審判の審決」と
あるのは「登録異議の申立てについての決定若しくは他の審判
の審決」と読み替えるものとする。

2 （略）

（特許法の準用）

第二〇条 特許法第百七十三条（再審の請求期間）並びに第
百七十四条第二項及び第四項（審判の規定等の準用）の規定は、
書換登録についての再審に準用する。この場合において、同条
第二項中「第百六十七条から第百六十八条まで」とあるのは「第
百六十七条、第百六十八条」と、「特許無効審判又は延長登録

無効審判」とあるのは「商標法附則第十四条第一項の審判」と読み替えるものとする。

（指定商品が二以上の商標権についての特則）

第二五条　指定商品が二以上の商標権についての附則第十二条第三項、附則第十四条第四項において準用する第四十六条第三項、附則第十五条、附則第十七条第一項において準用する特許法第百三十二条第一項又は次条第一項の規定の適用については、指定商品ごとに書換登録がされたものとみなす。

（過料）

第三〇条　附則第十七条第一項において、附則第二十条において準用する特許法第百七十四条第三項において、又は附則第二十一条において準用する意匠法第五十八条第二項において、それぞれ準用する特許法第百五十一条において準用する民事訴訟法第二百七条第一項の規定により宣誓した者が特許庁又はその嘱託を受けた裁判所に対し虚偽の陳述をしたときは、十万円以下の過料に処する。

無効審判」とあるのは「商標法附則第十四条第一項の審判」と読み替えるものとする。

（指定商品が二以上の商標権についての特則）

第二五条　指定商品が二以上の商標権についての附則第十二条第三項、附則第十四条第三項において準用する第四十六条第二項、附則第十五条、附則第十七条第一項において準用する特許法第百三十二条第一項又は次条第一項の規定の適用については、指定商品ごとに書換登録がされたものとみなす。

（過料）

第三〇条　附則第十七条第一項において、附則第二十条において準用する特許法第百七十四条第二項において、又は附則第二十一条において準用する意匠法第五十八条第二項において、それぞれ準用する特許法第百五十一条において準用する民事訴訟法第二百七条第一項の規定により宣誓した者が特許庁又はその嘱託を受けた裁判所に対し虚偽の陳述をしたときは、十万円以下の過料に処する。

○特許協力条約に基づく国際出願等に関する法律（第五条関係）

改　　正	現　　行
（取り下げられたものとみなす旨の決定） 第七条　特許庁長官は、国際出願が次の各号のいずれかに該当するときは、その国際出願が取り下げられたものとみなす旨の決定をしなければならない。 一　（略） 二　第十八条第二項（同項の表三の項に掲げる部分を除く。）の規定により納付すべき手数料が経済産業省令で定める期間内に納付されなかつたとき。 三　（略）	（取り下げられたものとみなす旨の決定） 第七条　特許庁長官は、国際出願が次の各号のいずれかに該当するときは、その国際出願が取り下げられたものとみなす旨の決定をしなければならない。 一　（略） 二　第十八条第二項（同項の表三の項に掲げる部分を除く。）、第三項又は第四項の規定により納付すべき手数料が経済産業省令で定める期間内に納付されなかつたとき。 三　（略）
（国際予備審査の請求の手続の不備等） 第一四条　国際予備審査の請求につき、第十八条第二項（同項の表三の項に掲げる部分に限る。）の規定により納付すべき手数料が納付されていないことその他経済産業省令で定める事由がある場合において特許庁長官又は出願人が執るべき手続及びその効果については、政令で定める。	（国際予備審査の請求の手続の不備等） 第一四条　国際予備審査の請求につき、第十八条第二項（同項の表三の項に掲げる部分に限る。）又は第四項の規定により納付すべき手数料が納付されていないことその他経済産業省令で定める事由がある場合において特許庁長官又は出願人が執るべき手続及びその効果については、政令で定める。
（手数料） 第一八条　（略） 2　次の表の第二欄に掲げる者は、それぞれ同表の第三欄に掲げる金額の範囲内において政令で定める金額に同表の第四欄に掲げる金額を合算して得た額の手数料を納付しなければならない。	（手数料） 第一八条　（略） 2　次の表の中欄に掲げる者は、それぞれ同表の下欄に掲げる金額の範囲内において政令で定める金額の手数料を納付しなければならない。

一	（略）	一件につき十一万円	条約第三条(4)(iv)の手数料のうち、国際事務局（条約第二条(xix)の国際事務局をいう。以下同じ。）に係るものの金額として政令で定める金額
二	（略）	一件につき一万三千円	条約第三条(4)(iv)の手数料のうち、特許庁以外の条約に規定する国際調査機関及び国際事務局に係るものの金額として政令で定める金額
三	（略）	一件につき三万六千円	条約第三十一条(5)の手数料のうち、国際事務局に係るものの金額として政令で定める金額

3　特許法第百九十五条第四項、第五項、第七項、第八項及び第十一項から第十三項までの規定は第一項及び前項の規定により納付すべき手数料（同項の表の第四欄に掲げる金額に係る部分を除く。）並びに第八条第四項又は第十二条第三項の規定によ

一	（略）	一件につき十一万円
二	（略）	一件につき一万三千円
三	（略）	一件につき三万六千円

3　前項の表二の項の中欄に掲げる者は、前項の規定により納付すべき手数料のほか、経済産業省令で定めるところにより、経済産業省令で定める金額の同表二の項に規定する国際調査機関に対する手数料を納付しなければならない。

4　第二項の表の中欄に掲げる者は、前二項の規定により納付すべき手数料のほか、経済産業省令で定めるところにより、経済産業省令で定める金額の国際事務局（条約第二条(xix)の国際事務局をいう。以下同じ。）に対する手数料を納付しなければならない。

5　特許法第百九十五条第四項、第五項、第七項、第八項、第十一項及び第十二項の規定は、第一項及び第二項の規定により納付すべき手数料並びに第八条第四項又は第十二条第三項の規定により追加して納付すべきことを命じられた手数料に準用す

り追加して納付すべきことを命じられた手数料について、同法第百九十五条第八項及び第十一項から第十三項までの規定は前項の規定により納付すべき手数料（同項の表の第三欄に掲げる金額の範囲内において同項の政令で定める金額に係る部分を除く。）について、それぞれ準用する。

る。

○弁理士法（第六条関係）

改正	現行
（弁理士の使命） 第一条　弁理士は、知的財産（知的財産基本法（平成十四年法律第百二十二号）第二条第一項に規定する知的財産をいう。以下この条において同じ。）に関する専門家として、知的財産権（同条第二項に規定する知的財産権をいう。）の適正な保護及び利用の促進その他の知的財産に係る制度の適正な運用に寄与し、もって経済及び産業の発展に資することを使命とする。	（目的） 第一条　この法律は、弁理士の制度を定め、その業務の適正を図ることにより、工業所有権の適正な保護及び利用の促進等に寄与し、もって経済及び産業の発展に資することを目的とする。
（定義） 第二条　（略）	（定義） 第二条　（略）
2　この法律で「意匠に係る国際登録出願」とは、意匠法（昭和三十四年法律第百二十五号）第六十条の三第二項に規定する国際登録出願をいう。 3　この法律で「商標に係る国際登録出願」とは、商標法（昭和三十四年法律第百二十七号）第六十八条の二第一項に規定する国際登録出願をいう。	2　この法律で「国際登録出願」とは、商標法（昭和三十四年法律第百二十七号）第六十八条の二第一項に規定する国際登録出願をいう。
4〜7　（略）	3〜6　（略）
（業務） 第四条　弁理士は、他人の求めに応じ、特許、実用新案、意匠若しくは商標又は国際出願、意匠に係る国際登録出願若しくは商標に係る国際登録出願に関する特許庁における手続及び特許、実用新案、意匠又は商標に関する異議申立て又は裁定に関する	（業務） 第四条　弁理士は、他人の求めに応じ、特許、実用新案、意匠若しくは商標又は国際出願若しくは国際登録出願に関する特許庁における手続及び特許、実用新案、意匠又は商標に関する異議申立て又は裁定に関する経済産業大臣に対する手続についての

経済産業大臣に対する手続についての代理並びにこれらの手続に係る事項に関する鑑定その他の事務を行うことを業とする。

2　弁理士は、前項に規定する業務のほか、他人の求めに応じ、次に掲げる事務を行うことを業とすることができる。

一・二　（略）

三　前二号に掲げる事務についての相談

3　弁理士は、前二項に規定する業務のほか、弁理士の名称を用いて、他人の求めに応じ、次に掲げる事務を行うことを業とすることができる。ただし、他の法律においてその業務を行うことが制限されている事項については、この限りでない。

一　特許、実用新案、意匠、商標、回路配置若しくは著作物に関する権利若しくは技術上の秘密の売買契約、通常実施権の許諾に関する契約その他の契約の締結の代理若しくは媒介を行い、又はこれらに関する相談に応ずること。

二　外国の行政官庁又はこれに準ずる機関に対する特許、実用新案、意匠又は商標に関する権利に関する手続（日本国内に住所又は居所（法人にあっては、営業所）を有する者が行うものに限る。）に関する資料の作成その他の事務を行うこと。

三　発明、考案、意匠若しくは商標（これらに関する権利に関する手続であって既に特許庁に係属しているものに係るものを除く。）、回路配置（既に経済産業大臣に対して提出された回路配置利用権の設定登録の申請に係るものを除く。）又は事業活動に有用な技術上の情報（既に秘密として管理されているものを除く。）の保護に関する相談に応ずること。

第五条　弁理士は、特許、実用新案、意匠若しくは商標、国際出願、意匠に係る国際登録出願若しくは商標に係る国際登録出願、回路配置又は特定不正競争に関する事項について、裁判所にお

代理並びにこれらの手続に係る事項に関する鑑定その他の事務を行うことを業とする。

2　弁理士は、前項に規定する業務のほか、他人の求めに応じ、次に掲げる事務を行うことを業とすることができる。

一・二　（略）

3　弁理士は、前二項に規定する業務のほか、弁理士の名称を用いて、他人の求めに応じ、特許、実用新案、意匠、商標、回路配置若しくは著作物に関する権利若しくは技術上の秘密の売買契約、通常実施権の許諾に関する契約その他の契約の締結の代理若しくは媒介を行い、若しくはこれらに関する相談に応じ、又は外国の行政官庁若しくはこれに準ずる機関に対する特許、実用新案、意匠若しくは商標に関する権利に関する手続（日本国内に住所又は居所（法人にあっては、営業所）を有する者が行うものに限る。）に関する資料の作成その他の事務を行うことを業とすることができる。ただし、他の法律においてその業務を行うことが制限されている事項については、この限りでない。

第五条　弁理士は、特許、実用新案、意匠若しくは商標、国際出願若しくは国際登録出願、回路配置又は特定不正競争に関する事項について、裁判所において、補佐人として、当事者又は訴

いて、補佐人として、当事者又は訴訟代理人とともに出頭し、陳述又は尋問をすることができる。

2　（略）

第六条　弁理士は、特許法（昭和三十四年法律第百二十一号）第百七十八条第一項、実用新案法（昭和三十四年法律第百二十三号）第四十七条第一項、意匠法第五十九条第一項又は商標法第六十三条第一項に規定する訴訟に関して訴訟代理人となることができる。

（業務を行い得ない事件）

第三十一条　弁理士は、次の各号のいずれかに該当する事件については、その業務を行ってはならない。ただし、第三号に該当する事件については、受任している事件の依頼者が同意した場合は、この限りでない。

一～五　（略）

六　社員又は使用人である弁理士として特許業務法人の業務に従事していた期間内に、その特許業務法人が相手方の協議を受けて賛助し、又はその依頼を承諾した事件であって、自らこれに関与したもの

七　社員又は使用人である弁理士として特許業務法人の業務に従事していた期間内に、その特許業務法人が相手方の協議を受けた事件で、その協議の程度及び方法が信頼関係に基づくと認められるものであって、自らこれに関与したもの

（設立等）

第三十七条　（略）

2　第一条及び第三条の規定は、特許業務法人について準用する。

訟代理人とともに出頭し、陳述又は尋問をすることができる。

2　（略）

第六条　弁理士は、特許法（昭和三十四年法律第百二十一号）第百七十八条第一項、実用新案法（昭和三十四年法律第百二十三号）第四十七条第一項、意匠法（昭和三十四年法律第百二十五号）第五十九条第一項又は商標法第六十三条第一項に規定する訴訟に関して訴訟代理人となることができる。

（業務を行い得ない事件）

第三十一条　弁理士は、次の各号のいずれかに該当する事件については、その業務を行ってはならない。ただし、第三号に該当する事件については、受任している事件の依頼者が同意した場合は、この限りでない。

一～五　（略）

六　社員又は使用人である弁理士として特許業務法人の業務に従事していた期間内に、その特許業務法人が相手方の協議を受けて賛助し、又はその依頼を承諾した事件

七　社員又は使用人である弁理士として特許業務法人の業務に従事していた期間内に、その特許業務法人が相手方の協議を受けた事件で、その協議の程度及び方法が信頼関係に基づくと認められるもの

（設立）

第三十七条　（略）

（特定の事件についての業務の制限）

第四八条　（略）

２　（略）

３　特許業務法人の社員等は、当該特許業務法人が行う業務であって、次の各号のいずれかに該当する事件に係るものには関与してはならない。

一〜四　（略）

五　社員等が当該特許業務法人の社員等となる前に他の特許業務法人の社員等としてその業務に従事していた期間内に、その特許業務法人が相手方の協議を受けて賛助し、又はその依頼を承諾した事件であって、自らこれに関与したもの

六　社員等が当該特許業務法人の社員等となる前に他の特許業務法人の社員等としてその業務に従事していた期間内に、その特許業務法人が相手方の協議を受けた事件で、その協議の程度及び方法が信頼関係に基づくと認められるものであって、自らこれに関与したもの

（設立、目的及び法人格）

第五六条　（略）

２　弁理士会は、弁理士及び特許業務法人の使命及び職責に鑑み、その品位を保持し、弁理士及び特許業務法人の業務の改善進歩を図るため、会員の指導、連絡及び監督に関する事務を行い、並びに弁理士の登録に関する事務を行うことを目的とする。

３　（略）

（総会の決議の取消し）

第七二条　経済産業大臣は、弁理士会の総会の決議が法令又は弁

（特定の事件についての業務の制限）

第四八条　（略）

２　（略）

３　特許業務法人の社員等は、当該特許業務法人が行う業務であって、次の各号のいずれかに該当する事件に係るものには関与してはならない。

一〜四　（略）

五　社員等が当該特許業務法人の社員等となる前に他の特許業務法人の社員等としてその業務に従事していた期間内に、その特許業務法人が相手方の協議を受けて賛助し、又はその依頼を承諾した事件

六　社員等が当該特許業務法人の社員等となる前に他の特許業務法人の社員等としてその業務に従事していた期間内に、その特許業務法人が相手方の協議を受けた事件で、その協議の程度及び方法が信頼関係に基づくと認められるもの

（設立、目的及び法人格）

第五六条　（略）

２　弁理士会は、弁理士の使命及び職責にかんがみ、弁理士の品位を保持し、弁理士の業務の改善進歩を図るため、会員の指導、連絡及び監督に関する事務を行い、並びに弁理士の登録に関する事務を行うことを目的とする。

３　（略）

（総会の決議の取消し及び役員の解任）

第七二条　経済産業大臣は、弁理士会の総会の決議又は役員の行

理士会の会則に違反し、その他公益を害するときは、総会の決議の取消しを命ずることができる。

（弁理士又は特許業務法人でない者の業務の制限）

第七五条　弁理士又は特許業務法人でない者は、他人の求めに応じ報酬を得て、特許、実用新案、意匠若しくは商標若しくは国際出願、意匠に係る国際登録出願若しくは商標に係る国際登録出願に関する特許庁における手続若しくは特許、実用新案、意匠若しくは商標に関する異議申立て若しくは裁定に関する経済産業大臣に対する手続についての代理（特許料の納付手続についての代理、特許原簿への登録の申請手続についての代理その他の政令で定めるものを除く。）又はこれらの手続に係る事項に関する鑑定若しくは政令で定める書類若しくは電磁的記録（電子的方式、磁気的方式その他の人の知覚によっては認識することができない方式で作られる記録であって、電子計算機による情報処理の用に供されるものをいう。）の作成を業とすることができない。

為が法令又は弁理士会の会則に違反し、その他公益を害するときは、総会の決議の取消し又は役員の解任を命ずることができる。

（弁理士又は特許業務法人でない者の業務の制限）

第七五条　弁理士又は特許業務法人でない者は、他人の求めに応じ報酬を得て、特許、実用新案、意匠若しくは商標若しくは国際出願若しくは国際登録出願に関する特許庁における手続若しくは特許、実用新案、意匠若しくは商標に関する異議申立て若しくは裁定に関する経済産業大臣に対する手続についての代理（特許料の納付手続についての代理、特許原簿への登録の申請手続についての代理その他の政令で定めるものを除く。）又はこれらの手続に係る事項に関する鑑定若しくは政令で定める書類若しくは電磁的記録（電子的方式、磁気的方式その他の人の知覚によっては認識することができない方式で作られる記録であって、電子計算機による情報処理の用に供されるものをいう。）の作成を業とすることができない。

○登録免許税法（附則第一一条関係）

改正

別表第一　課税範囲、課税標準及び税率の表（第二条、第五条、第九条、第十条、第十三条、第十五条―第十七条、第十七条の三―第十九条、第二十三条、第二十四条、第三十四条―第三十四条の五関係）

登記、登録、特許、免許、許可、認可、認定、指定又は技能証明の事項	課税標準	税率
一～十四　（略）		
十五　意匠権の登録（意匠権の信託の登録を含み、国際登録簿への登録を除く。）		
（一）～（七）　（略）	（略）	（略）
十六～百六十　（略）		

現行

別表第一　課税範囲、課税標準及び税率の表（第二条、第五条、第九条、第十条、第十三条、第十五条―第十七条、第十七条の三―第十九条、第二十三条、第二十四条、第三十四条―第三十四条の五関係）

登記、登録、特許、免許、許可、認可、認定、指定又は技能証明の事項	課税標準	税率
一～十四　（略）		
十五　意匠権の登録（意匠権の信託の登録を含む。）		
（一）～（七）　（略）	（略）	（略）
十六～百六十　（略）		

○工業所有権に関する手続等の特例に関する法律（附則第一二条関係）

改正

（ファイルに記録されている事項の閲覧等の請求）

第一二条　何人も、特許庁長官に対し、次に掲げる事項について、経済産業省令で定めるところにより電子情報処理組織を使用して行う閲覧を請求することができる。ただし、国際出願（国際出願法第二条に規定する国際出願をいう。以下同じ。）に係る事項については、この限りでない。

一　（略）

二　特許法第二十七条第一項の特許原簿、実用新案法第四十九条第一項の実用新案原簿、意匠法第六十一条第一項（同法第六十条の十九において読み替えて適用する場合を含む。）の意匠原簿又は商標法第七十一条第一項（同法第六十八条の二十七において読み替えて適用する場合を含む。）の商標原簿のうち磁気テープ（これに準ずる方法により一定の事項を確実に記録しておくことができる物を含む。）をもって調製された部分に記録されている事項であって経済産業省令で定めるもの

2　（略）

3　特許法第百八十六条第一項ただし書及び第二項（これらの規定を実用新案法第五十五条第一項において準用する場合を含む。）、意匠法第六十三条第一項ただし書及び第二項並びに商標法第七十二条第一項ただし書及び第二項の規定は、前二項の規定による閲覧又は書類の交付に準用する。

4・5　（略）

現行

（ファイルに記録されている事項の閲覧等の請求）

第一二条　何人も、特許庁長官に対し、次に掲げる事項について、経済産業省令で定めるところにより電子情報処理組織を使用して行う閲覧を請求することができる。ただし、国際出願（国際出願法第二条に規定する国際出願をいう。以下同じ。）に係る事項については、この限りでない。

一　（略）

二　特許法第二十七条第一項の特許原簿、実用新案法第四十九条第一項の実用新案原簿、意匠法第六十一条第一項の意匠原簿又は商標法第七十一条第一項（同法第六十八条の二十七において読み替えて適用する場合を含む。）の商標原簿のうち磁気テープ（これに準ずる方法により一定の事項を確実に記録しておくことができる物を含む。）をもって調製された部分に記録されている事項であって経済産業省令で定めるもの

2　（略）

3　特許法第百八十六条第一項ただし書及び第二項（実用新案法第五十五条第一項において準用する場合を含む。）、意匠法第六十三条第一項ただし書及び第二項並びに商標法第七十二条第一項ただし書及び第二項の規定は、前二項の規定による閲覧又は書類の交付に準用する。

4・5　（略）

○特許法等の一部を改正する法律（平成一一年法律第四一号）（附則第一三条関係）

改正	現行
附則 （特許法の一部改正に伴う経過措置） 第二条 （略） 2 この法律の施行後にされた特許出願であって、特許法第四十四条第二項（同法第四十六条第六項及び実用新案法第十一条第一項において準用する場合を含む。）の規定によりこの法律の施行前にしたものとみなされるものについては、特許法第四十四条第四項（同法第四十六条第六項及び実用新案法第十一条第一項において準用する場合を含む。）の規定を適用する。 3 前条第四号に掲げる規定の施行前にした実用新案登録出願若しくは意匠登録出願に係る出願の変更については、第一条の規定による改正後の特許法（以下「新特許法」という。）第四十六条第一項若しくは第二項の規定にかかわらず、なお従前の例による。 4～14 （略）	附則 （特許法の改正に伴う経過措置） 第二条 （略） 2 この法律の施行後にされた特許出願であって、特許法第四十四条第二項（同法第四十六条第五項及び実用新案法第十一条第一項において準用する場合を含む。）の規定により施行前にしたものとみなされるものについては、第一条の規定による改正後の特許法（以下「新特許法」という。）第四十四条第四項（新特許法第四十六条第五項及び実用新案法第十一条第一項において準用する場合を含む。）の規定を適用する。 3 前条第四号に掲げる規定の施行前にした実用新案登録出願若しくは意匠登録出願に係る出願の変更については、新特許法第四十六条第一項若しくは第二項の規定にかかわらず、なお従前の例による。 4～14 （略）

○産業技術力強化法（平成一二年法律第四四号）（附則第一四条関係）

改　　正	現　　行
附　則	附　則
（国立大学法人等に係る特許料等に関する経過措置等）	（国立大学法人等に係る特許料等に関する経過措置等）
第三条　次に掲げる特許権又は特許を受ける権利について特許法第百七条第一項の規定により納付すべき特許料、同法第百九十五条第一項若しくは第二項の規定により納付すべき手数料又は工業所有権に関する手続等の特例に関する法律（平成二年法律第三十号）第四十条第一項の規定により納付すべき手数料に関する特許法第百七条第二項の規定、同法第百九十五条第四項及び第五項の規定（これらの規定を特許協力条約に基づく国際出願等に関する法律（昭和五十三年法律第三十号）第十八条第三項において準用する場合を含む。）又は工業所有権に関する手続等の特例に関する法律第四十条第三項及び第四項の規定の適用については、国立大学法人（国立大学法人法第二条第一項に規定する国立大学法人をいう。）、大学共同利用機関法人又は独立行政法人国立高等専門学校機構（以下この条において「国立大学法人等」という。）は、国とみなす。	第三条　次に掲げる特許権又は特許を受ける権利について特許法第百七条第一項の規定により納付すべき特許料、同法第百九十五条第一項若しくは第二項の規定により納付すべき手数料又は工業所有権に関する手続等の特例に関する法律（平成二年法律第三十号）第四十条第一項の規定により納付すべき手数料に関する特許法第百七条第二項の規定、同法第百九十五条第四項及び第五項の規定（これらの規定を特許協力条約に基づく国際出願等に関する法律（昭和五十三年法律第三十号）第十八条第五項において準用する場合を含む。）又は工業所有権に関する手続等の特例に関する法律第四十条第三項及び第四項の規定の適用については、国立大学法人（国立大学法人法第二条第一項に規定する国立大学法人をいう。）、大学共同利用機関法人又は独立行政法人国立高等専門学校機構（以下この条において「国立大学法人等」という。）は、国とみなす。
一～四　（略）	一～四　（略）
2　（略）	2　（略）

○特許法等の一部を改正する法律（平成一四年法律第二四号）（附則第一五条関係）

改正

附則

（第一条の規定による特許法の一部改正に伴う経過措置）

第二条　（略）

2　第一条の規定による改正後の特許法第百八十四条の三第二項（同法第百八十四条の二十第六項、実用新案法第四十八条の三第二項及び同法第四十八条の十六第五項において準用する場合を含む。）の規定は、この法律の施行後にする国際特許出願又は国際実用新案登録出願について適用し、この法律の施行前にした国際特許出願又は国際実用新案登録出願については、なお従前の例による。

3　（略）

（第二条の規定による特許法の一部改正に伴う経過措置）

第三条　第二条の規定（特許法第百一条の改正規定、同法第百十二条の三第二項の改正規定及び同法第百七十五条第二項の改正規定を除く。）による改正後の特許法（以下この条において「新特許法」という。）の規定は、附則第一条第二号に定める日（以下「施行日」という。）以後にする特許出願（施行日以後にする特許出願であって、特許法第四十四条第二項（同法第四十六条第六項において準用する場合を含む。）の規定により施行日前にしたものとみなされるもの（以下この項において「施行日前の特許出願の分割等に係る特許出願」という。）を含

現行

附則

（第一条の規定による特許法の改正に伴う経過措置）

第二条　（略）

2　第一条の規定による改正後の特許法第百八十四条の三第二項（同法第百八十四条の二十第六項、実用新案法第四十八条の三第二項及び同法第四十八条の十六第六項において準用する場合を含む。）の規定は、この法律の施行後にする国際特許出願又は国際実用新案登録出願について適用し、この法律の施行前にした国際特許出願又は国際実用新案登録出願については、なお従前の例による。

3　（略）

（第二条の規定による特許法の改正に伴う経過措置）

第三条　第二条の規定（特許法第百一条の改正規定、同法第百十二条の三第二項の改正規定及び同法第百七十五条第二項の改正規定を除く。）による改正後の特許法（以下この条において「新特許法」という。）の規定は、附則第一条第二号に定める日（以下「施行日」という。）以後にする特許出願（施行日以後にする特許出願であって、特許法第四十四条第二項（同法第四十六条第五項において準用する場合を含む。）の規定により施行日前にしたものとみなされるもの（以下この項において「施行日前の特許出願の分割等に係る特許出願」という。）を含

む。）について適用し、施行日前にした特許出願（施行日前の特許出願の分割等に係る特許出願を除く。）については、なお従前の例による。

2・3　（略）

む。）について適用し、施行日前にした特許出願（施行日前の特許出願の分割等に係る特許出願を除く。）については、なお従前の例による。

2・3　（略）

○特許法等の一部を改正する法律（平成一五年法律第四七号）（附則第一六条関係）

改正	現行
附則	附則
（特許法の一部改正に伴う経過措置）	（特許法の改正に伴う経過措置）
第二条 （略）	第二条 （略）
2 （略）	2 （略）
3 新特許法別表第一号から第四号まで及び第六号の規定は、一部施行日以後にする特許出願（一部施行日以後にする特許出願であって、特許法第四十四条第二項（同法第四十六条第六項において準用する場合を含む。）の規定により一部施行日前にしたものとみなされるもの（以下「一部施行日前の特許出願の分割等に係る特許出願」という。）を含む。）に係る手数料について適用し、一部施行日前にした特許出願（一部施行日前の特許出願の分割等に係る特許出願を除く。）に係る手数料については、旧特許法別表第一号から第四号まで及び第六号の規定は、なおその効力を有する。	3 新特許法別表第一号から第四号まで及び第六号の規定は、一部施行日以後にする特許出願（一部施行日以後にする特許出願であって、特許法第四十四条第二項（同法第四十六条第五項において準用する場合を含む。）の規定により一部施行日前にしたものとみなされるもの（以下「一部施行日前の特許出願の分割等に係る特許出願」という。）を含む。）に係る手数料について適用し、一部施行日前にした特許出願（一部施行日前の特許出願の分割等に係る特許出願を除く。）に係る手数料については、旧特許法別表第一号から第四号まで及び第六号の規定は、なおその効力を有する。
4～15 （略）	4～15 （略）

○意匠法等の一部を改正する法律（平成一八年法律第五五号）（附則第一七条関係）

改正	現行
附則 （商標法の一部改正に伴う経過措置） 第五条　（略） 2・3　（略） 4　小売等役務について使用をする商標について商標登録を受けようとする者が、商標法第九条の二、第九条の三又は第十三条第一項において準用する特許法第四十三条の三第二項の規定により優先権を主張しようとする場合において、最初の出願若しくは千九百年十二月十四日にブラッセルで、千九百十一年六月二日にワシントンで、千九百二十五年十一月六日にヘーグで、千九百三十四年六月二日にロンドンで、千九百五十八年十月三十一日にリスボンで及び千九百六十七年七月十四日にストックホルムで改正された工業所有権の保護に関する千八百八十三年三月二十日のパリ条約第四条C(4)の規定により最初の出願とみなされた出願又は同条A(2)の規定により最初の出願と認められた出願の日（以下この項において「出願日」という。）が、この法律の施行の日前であるときは、この法律の施行の日を出願日とみなす。 5　（略） （使用に基づく特例の適用） 第八条　前条第三項の規定により同日にしたものとみなされた二	附則 （商標法の改正に伴う経過措置） 第五条　（略） 2・3　（略） 4　小売等役務について使用をする商標について商標登録を受けようとする者が、商標法第九条の二、第九条の三又は第十三条第一項において準用する特許法第四十三条の二第二項の規定により優先権を主張しようとする場合において、最初の出願若しくは千九百年十二月十四日にブラッセルで、千九百十一年六月二日にワシントンで、千九百二十五年十一月六日にヘーグで、千九百三十四年六月二日にロンドンで、千九百五十八年十月三十一日にリスボンで及び千九百六十七年七月十四日にストックホルムで改正された工業所有権の保護に関する千八百八十三年三月二十日のパリ条約第四条C(4)の規定により最初の出願とみなされた出願又は同条A(2)の規定により最初の出願と認められた出願の日（以下この項において「出願日」という。）が、この法律の施行の日前であるときは、この法律の施行の日を出願日とみなす。 5　（略） （使用に基づく特例の適用） 第八条　前条第四項の規定により同日にしたものとみなされた二

以上の商標登録出願がある場合において、その商標登録出願がこの法律の施行前から自己の業務に係る小売等役務について日本国内において不正競争の目的でなく使用をしている商標について商標登録を受けようとするものであるときは、その商標登録出願人は、使用に基づく特例の適用を主張することができる。

2～5 （略）

以上の商標登録出願がある場合において、その商標登録出願がこの法律の施行前から自己の業務に係る小売等役務について日本国内において不正競争の目的でなく使用をしている商標について商標登録を受けようとするものであるときは、その商標登録出願人は、使用に基づく特例の適用を主張することができる。

2～5 （略）

○産業競争力強化法（平成二五年法律第九八号）（附則第一八条関係）

改正	現行
第七五条　（略） 2　（略） 3　特許庁長官は、第一項に規定する発明に係る日本語でされた国際出願（特許協力条約に基づく国際出願等に関する法律（昭和五十三年法律第三十号）第二条に規定する国際出願をいい、集中実施期間中にされたものに限る。）をする者が同項に規定する要件に該当する者であるときは、政令で定めるところにより、同法第十八条第二項（同項の表二の項に掲げる部分を除く。）の規定により納付すべき手数料（同項に規定する同表の第三欄に掲げる金額の範囲内において同項の政令で定める金額に係る部分に限る。）を軽減し、又は免除することができる。	第七五条　（略） 2　（略） 3　特許庁長官は、第一項に規定する発明に係る日本語でされた国際出願（特許協力条約に基づく国際出願等に関する法律（昭和五十三年法律第三十号）第二条に規定する国際出願をいい、集中実施期間中にされたものに限る。）をする者が同項に規定する要件に該当する者であるときは、政令で定めるところにより、同法第十八条第二項（同項の表二の項に掲げる部分を除く。）の規定により納付すべき手数料を軽減し、又は免除することができる。

特許法等の一部を改正する法律（平成二六年法律第三六号）附則（抄）

〔 〕は編集者が付したものです。

（施行期日）

第一条　この法律は、公布の日〔平成二六年五月一四日〕から起算して一年を超えない範囲内において政令で定める日から施行する。ただし、次の各号に掲げる規定は、当該各号に定める日から施行する。

一　附則第九条の規定　公布の日

二　第四条中商標法第七条の二第一項の改正規定　公布の日から起算して三月を超えない範囲内において政令で定める日〔平成二六年政令第二〇七号により同年八月一日〕

三　第三条中意匠法目次の改正規定、同法第二十六条の二第三項の改正規定、同法第六十条の三を同法第六十条の二十四とする改正規定、同法第六章の次に一章を加える改正規定並びに同法第六十七条第一項及び第七十三条の二第一項の改正規定並びに第六条中弁理士法第二条、第四条第一項、第五条第一項、第六条及び第七十五条の改正規定並びに附則第十条及び第十一条の規定並びに附則第十二条中工業所有権に関する手続等の特例に関する法律（平成二年法律第三十号）第十二条第一項第二号の改正規定　意匠の国際登録に関するハーグ協定のジュネーブ改正協定が日本国について効力を生ずる日

（特許法の一部改正に伴う経過措置）

第二条　第一条の規定による改正後の特許法（以下「新特許法」という。）第十七条の四の規定は、この法律の施行前にした特許出願に伴う優先権の主張については、適用しない。

2　新特許法第三十条第四項の規定は、この法律の施行前に第一条の規定による改正前の特許法（以下「旧特許法」という。）第三十条第三項に規定する期間内に同項に規定する証明書の提出がなかった場合については、適用しない。

3　新特許法第四十一条第一項及び第四項の規定は、この法律の施行後にする特許出願に伴う優先権の主張について適用し、この法律の施行前にした特許出願に伴う優先権の主張については、なお従前の例による。

4　新特許法第四十二条第一項の規定は、この法律の施行後にする特許出願に伴う優先権の主張の基礎とした新特許法第四十一条第一項に規定する先の出願について適用し、この法律の施行前にした特許出願に伴う優先権の主張の基礎とした旧特許法第四十一条第一項に規定する先の出願については、なお従前の例による。

5　新特許法第四十二条第二項及び第三項の規定は、この法律の施行後にする特許出願に伴う優先権の主張について適用し、この法律の施行前にした特許出願に伴う優先権の主張については、なお従前の例による。

6　新特許法第四十三条第一項（新特許法第四十三条の三第三項において準用する場合を含む。）の規定は、この法律の施行後にする特許出願に伴う優先権の主張について適用し、この法律の施行前にした特許出願に伴う優先権の主張については、なお従前の例による。

7　新特許法第四十三条第六項（新特許法第四十三条の三第三項において準用する場合を含む。）の規定は、この法律の施行前に旧特許法第四十三条第二項（旧特許法第四十三条の二第三項において準用する場合を含む。以下この項において同じ。）に規定する期間内に旧特許法第四十三条第二項に規定する書類又は同条第五項（旧特許法第四十三条の二第三項において準用する場合を含む。）に規定する書面の提出がなかった場合については、適用しない。

8　新特許法第四十三条の二（新特許法第四十三条の三第三項において準用する場合を含む。）の規定は、この法律の施行前にした特許出願に伴う優先権の主張については、適用しない。

9　新特許法第四十四条第七項の規定は、この法律の施行前に旧特許法第四十四条第一項第二号又は第三号に規定する期間内に同項に規定する新たな特許出願がなかった場合については、適用しない。

10　新特許法第四十六条第五項の規定は、この法律の施行前に旧特許法第四十六条第一項ただし書に規定する期間内に同項の規定による出願の変更がなかった場合及び同条第二項に規定する三年の期間内に同項の規定による出願の変更がなかった場合については、適用しない。

11　新特許法第四十六条の二第三項（同条第一項第一号に係る部分に限る。）の規定は、この法律の施行前に旧特許法第四十六条の二第一項第一号に規定する期間内に同項の規定による特許出願がなかった場合については、適用しない。

12　新特許法第四十八条の三第五項から第七項までの規定は、この法律の施行前に旧特許法第四十八条の三第四項の規定により取り下げられたものとみなされた特許出願については、適用しない。

13　新特許法第六十七条の二の二第四項の規定は、この法律の施行前に旧特許法第六十七条の二の二第一項に規定する期間内に同項に規定する書面の提出がなかった場合については、適用しない。

14　新特許法第百八条第四項の規定は、この法律の施行前に旧特許法第百八条第一項に規定する期間内に特許料の納付がなかった場合については、適用しない。

15　新特許法第百十一条第三項の規定は、この法律の施行前に旧特許法第百十一条第二項に規定する期間内に同条第一項の規定による特許料の返還の請求がなかった場合については、適用しない。

16　新特許法第百十三条の規定は、この法律の施行前に旧特許法第六十六条第三項の規定により同項各号に掲げる事項を掲載した特許公報の発行がされた特許については、適用しない。

17　この法律の施行前に請求された特許無効審判については、新特許法第百二十三条第二項の規定にかかわらず、なお従前の例による。

18　新特許法第百九十五条第十三項の規定は、この法律の施行前に旧特許法第百九十五条第十項又は第十二項に規定する期間内に同条第九項又は第十一項の規定による手数料の返還の請求がなかった場合については、適用しない。

（実用新案法の一部改正に伴う経過措置）

第三条　第二条の規定による改正後の実用新案法（以下「新実用新案法」という。）第二条の二第一項ただし書の規定は、この法律の施行後にする実用新案登録出願について適用し、この法律の施行前にした実用新案登録出願については、なお従前の例による。

2　新実用新案法第八条第一項及び第四項の規定は、この法律の施行後にする実用新案登録出願に伴う優先権の主張について適用し、この法律の施行前にした実用新案登録出願に伴う優先権の主張については、なお従前の例による。

3　新実用新案法第九条第一項の規定は、この法律の施行後にする実用新案登録出願に伴う優先権の主張の基礎とした新実用新案法第八条第一項に規定する先の出願について適用し、この法律の施行前にした実用新案登録出願に伴う優先権の主張の基礎とした第二条の規定による改正前の実用新案法（以下「旧実用新案法」という。）第八条第一項に規定する先の出願については、なお従前の例による。

4　新実用新案法第九条第二項及び第三項の規定は、この法律の施行後にする実用新案登録出願に伴う優先権の主張について適用し、この法律の施行前にした実用新案登録出願に伴う優先権の主張については、なお従前の例による。

5　新実用新案法第十一条第一項において準用する新特許法第三十条第四項の規定は、この法律の施行前に旧実用新案法第十一条第一項において準用する旧特許法第三十条第三項に規定する期間内に同項に規定する証明書の提出がなかった場合については、適用しない。

6　新実用新案法第十一条第一項において準用する新特許法第四十三条第一項（新実用新案法第十一条第一項において準用する新特許法第四十三条の三第三項において準用する場合を含む。）の規定は、この法律の施行後にする実用新案登録出願に伴う優先権の主張について適用し、この法律の施行前にした実用新案登録出願に伴う優先権の主張については、なお従前の例による。

7　新実用新案法第十一条第一項において準用する新特許法第四十三条第六項（新実用新案法第十一条第一項において準用する新特許法第四十三条の三第三項において準用する場合を含む。）の規定は、この法律の施行前に旧実用新案法第十一条第一項において準用する旧特許法第四十三条第二項（旧実用新案法第十一条第一項において準用する旧特許法第四十三条の二第三項において準用する場合を含む。以下この項において同じ。）に規定する期間内に旧実用新案法第十一条第一項において準用する旧特許法第四十三条第二項に規定する書類又は旧実用新案法第十一条第一項において準用する旧特許法第四十三条第五項（旧実用新案法第十一条第一項において準用する旧特許法第四十三条の二第三項において準用する場合を含む。）に規定する書面の提出がなかった場合については、適用しない。

8　新実用新案法第十一条第一項において準用する新特許法第四十三条の二（新実用新案法第十一条第一項において準用する新特許法第四十三条の三第三項において準用する場合を含む。）の規定は、この法律の施行前にした実用新案登録出願に伴う優先権の主張については、適用しない。

9　新実用新案法第三十二条第四項の規定は、この法律の施行前に旧実用新案法第三十二条第三項の規定により延長された期間内に登録料の納付がなかった場合については、適用しない。

10　新実用新案法第三十四条第三項の規定は、この法律の施行前に旧実用新案法第三十四条第二項に規定する期間内に同条第一項の規定による登録料の返還の請求がなかった場合については、適用しない。

11　実用新案法第四十八条の十六第四項の規定によりこの法律の施行前にされた実用新案登録出願とみなされた国際出願についての手続の補正については、なお従前の例による。

12　新実用新案法第五十四条の二第十二項の規定は、この法律の施行前に旧実用新案法第五十四条の二第三項、第七項、第九項又は第十一項に規定する期間内に同条第二項、第四項若しくは第六項、第八項又は第十項の規定による手数料の返還の請求がなかった場合については、適用しない。

（意匠法の一部改正に伴う経過措置）

第四条　第三条の規定による改正後の意匠法（以下「新意匠法」という。）第四条第四項の規定は、この法律の施行前に第三条の規定による改正前の意匠法（以下「旧意匠法」という。）第四条第三項に規定する期間内に同項に規定する証明書の提出がなかった場合については、適用しない。

2　新意匠法第十五条第一項において準用する新特許法第四十三条第六項（新意匠法第十五条第一項において読み替えて準用する新特許法第四十三条の三第三項において準用する場合を含む。）の規定は、この法律の施行前に旧意匠法第十五条第一項において読み替えて準用する旧特許法第四十三条第二項（旧意匠法第十五条第一項において準用する旧特許法第　四十三条の二第三項において準用する場合を含む。以下この項において同じ。）に規定する期間内に旧意匠法第十五条第一項において読み替えて準用する旧特許法第四十三条第二項に規定する書類の提出がなかった場合については、適用しない。

3　新意匠法第四十三条第四項の規定は、この法律の施行前に旧意匠法第四十三条第一項に規定する期間内に登録料の納付がなかった場合については、適用しない。

4　新意匠法第四十五条において準用する新特許法第百十一条第三項の規定は、この法律の施行前に旧意匠法第四十五条において準用する旧特許法第百十一条第二項に規定する期間内に旧意匠法第四十五条において準用する旧特許法第百十一条第一項の規定による登録料の返還の請求がなかった場合については、適用しない。

5　新意匠法第六十七条第九項の規定は、この法律の施行前に旧意匠法第六十七条第八項に規定する期間内に同条第七項の規定による手数料の返還の請求がなかった場合については、適用しない。

（商標法の一部改正に伴う経過措置）

第五条　第四条の規定による改正後の商標法（以下「新商標法」という。）第二条第一項、第三条第一項及び第四条第一項（第十八号に係る部分に限る。）の規定は、この法律の施行後にする商標登録出願について適用し、この法律の施行前にした商標登録出願については、なお従前の例による。

2　この法律の施行前にした商標登録出願に係る商標登録についての登録異議の申立て又は無効の理由については、新商標法第三条第一項及び第四条第一項（第十八号に係る部分に限る。）の規定にかかわらず、なお従前の例による。

3　この法律の施行前から日本国内において不正競争の目的でなく他人の登録商標（この法律の施行後の商標登録出願に係るものを含む。）に係る指定商品若しくは指定役務又はこれらに類似する商品若しくは役務についてその登録商標又はこれに類似する商標の使用をしていた者は、継続してその商品又は役務についてその商標（新商標法第五条第二項第一号、第三号又は第四号に掲げるものに限る。以下第五項までにおいて同じ。）の使用をする場合は、この法律の施行の際現にその商標の使用をしてその商品又は役務に係る業務を行っている範囲内において、その商品又は役務についてその商標の使用をする権利を有する。当該業務を承継した者についても、同様とする。

4 前項の登録商標に係る商標権者又は専用使用権者は、同項の規定により商標の使用をする権利を有する者に対し、その者の業務に係る商品又は役務と自己の業務に係る商品又は役務との混同を防ぐのに適当な表示を付すべきことを請求することができる。

5 第三項の規定により商標の使用をする権利を有する者は、この法律の施行の際現にその商標がその者の業務に係る商品又は役務を表示するものとして需要者の間に広く認識されているときは、同項の規定にかかわらず、その商品又は役務についてその商標の使用をする権利を有する。当該業務を承継した者についても、同様とする。

6 第四項の規定は、前項の場合に準用する。

7 第三項から前項までの規定は、防護標章登録に基づく権利に準用する。

8 新商標法第五条第二項第一号、第三号又は第四号に掲げる商標に係る商標登録を受けようとする者が、新商標法第九条第一項の規定の適用を受けようとする場合において、同項に規定する出品又は出展の日(以下この項において「出品等の日」という。)が、この法律の施行前であるときは、この法律の施行の日を出品等の日とみなす。

9 新商標法第九条第三項の規定は、この法律の施行前に第四条の規定による改正前の商標法(以下「旧商標法」という。)第九条第二項に規定する期間内に同項に規定する証明書の提出がなかった場合については、適用しない。

10 新商標法第十三条第一項において準用する新特許法第四十三条第六項(新商標法第十三条第一項において読み替えて準用する新特許法第四十三条の三第三項において準用する場合を含む。)の規定は、この法律の施行前に旧商標法第十三条第一項において読み替えて準用する旧特許法第四十三条第二項(旧商標法第十三条第一項において読み替えて準用する旧特許法第四十三条の二第三項において準用する場合を含む。以下この項において同じ。)に規定する期間内に旧商標法第十三条第一項において読み替えて準用する旧特許法第四十三条第二項に規定する書類の提出がなかった場合については、適用しない。

11 新商標法第四十一条第四項(新商標法第四十一条の二第六項において準用する場合を含む。)の規定は、この法律の施行前に旧商標法第四十一条第一項又は第四十一条の二第一項に規定する期間内に登録料の納付がなかった場合については、適用しない。

12 新商標法第四十二条第三項の規定は、この法律の施行前に旧商標法第四十二条第二項に規定する期間内に同条第一項の規定による登録料の返還の請求がなかった場合については、適用しない。

13 新商標法第六十五条の八第四項の規定は、この法律の施行前に旧商標法第六十五条の八第一項又は第二項に規定する期間内に登録料の納付がなかった場合については、適用しない。

14 新商標法第六十五条の十第三項の規定は、この法律の施行前に旧商標法第六十五条の十第二項に規定する期間内に同条第一項の規定による登録料の返還の請求がなかった場合については、適用しない。

15 新商標法第六十八条の九第二項の規定は、この法律の施行後にする標章の国際登録に関するマドリッド協定の千九百八十九年六月二十七日にマドリッドで採択された議定書第三条の三に規定する領域指定であって日本国を指定するもの（以下この項において「日本国を指定する領域指定」という。）について適用し、この法律の施行前にした日本国を指定する領域指定については、なお従前の例による。

16 この法律の施行前に効力が生じた旧商標法第六十八条の十九第一項の規定により読み替えて適用する旧商標法第十八条第二項の規定により設定の登録を受けた商標権の信託による変更については、新商標法第六十八条の二十六第一項の規定にかかわらず、なお従前の例による。

17 新商標法第六十八条の三十二第六項（新商標法第六十八条の三十三第二項において準用する場合を含む。）の規定は、この法律の施行前に旧商標法第六十八条の三十二第二項第一号（旧商標法第六十八条の三十三第二項において読み替えて準用する場合を含む。）に規定する期間内に旧商標法第六十八条の三十二第一項又は第六十八条の三十三第一項の規定による商標登録出願がなかった場合については、適用しない。

18 新商標法第七十六条第九項の規定は、この法律の施行前に旧商標法第七十六条第八項に規定する期間内に同条第七項の規定による手数料の返還の請求がなかった場合については、適用しない。

（特許協力条約に基づく国際出願等に関する法律の一部改正に伴う経過措置）

第六条　第五条の規定による改正後の特許協力条約に基づく国際出願等に関する法律（以下「新国際出願法」という。）第七条の規定は、この法律の施行後にする国際出願について適用し、この法律の施行前にした国際出願については、なお従前の例による。

2　新国際出願法第十四条の規定は、この法律の施行後にする国際予備審査の請求について適用し、この法律の施行前にした国際予備審査の請求については、なお従前の例による。

3　新国際出願法第十八条第二項の規定は、この法律の施行後にする国際出願及び国際予備審査の請求について適用し、この法律の施行前にした国際出願及び国際予備審査の請求については、なお従前の例による。

4　新国際出願法第十八条第三項において準用する新特許法第百九十五条第十三項の規定は、この法律の施行前に第五条の規定による改正前の特許協力条約に基づく国際出願等に関する法律第十八条第五項において準用する旧特許法第百九十五条第十二項に規定する期間内に同条第十一項の規定による手数料の返還の請求がなかった場合については、適用しない。

（弁理士法の一部改正に伴う経過措置）

第七条　この法律の施行前に生じた事実に基づく弁理士に対する懲戒の処分については、なお従前の例による。

（罰則に関する経過措置）

第八条　この法律の施行前にした行為に対する罰則の適用については、なお従前の例による。

（政令への委任）

第九条　附則第二条から前条まで及び附則第十九条に定めるもののほか、この法律の施行に関し必要な経過措置は、政令で定める。

（検討）

第一〇条　政府は、この法律の施行後五年を経過した場合において、第六条の規定による改正後の弁理士法（以下この条において「新弁理士法」という。）の施行の状況を勘案し、必要があると認めるときは、新弁理士法の規定について検討を加え、その結果に基づいて必要な措置を講ずるものとする。

（産業競争力強化法の一部改正に伴う経過措置）

第一九条　この法律の施行前にした国際出願及び国際予備審査の請求については、前条の規定による改正後の産業競争力強化法第七十五条第三項の規定にかかわらず、なお従前の例による。

著作権法の一部を改正する法律

（平成二十六年五月十四日、法律第三十五号）

○著作権法

改正

（著作物の発行）

第三条　著作物は、その性質に応じ公衆の要求を満たすことができる相当程度の部数の複製物が、第二十一条に規定する権利を有する者又はその許諾（第六十三条第一項の規定による利用の許諾をいう。以下この項、次条第一項、第四条の二及び第六十三条を除き、以下この章及び次章において同じ。）を得た者若しくは第七十九条の出版権の設定を受けた者若しくはその複製許諾（第八十条第三項の規定による複製の許諾をいう。第三十七条第三項ただし書及び第三十七条の二ただし書において同じ。）を得た者によつて作成され、頒布された場合（第二十六条、第二十六条の二第一項又は第二十六条の三に規定する権利を有する者の権利を害しない場合に限る。）において、発行されたものとする。

２・３　（略）

（著作物の公表）

第四条　著作物は、発行され、又は第二十二条から第二十五条までに規定する権利を有する者若しくはその許諾（第六十三条第一項の規定による利用の許諾をいう。）を得た者若しくは第七十九条の出版権の設定を受けた者若しくはその公衆送信許諾（第八十条第三項の規定による公衆送信の許諾をいう。次項、第三十七条第三項ただし書及び第三十七条の二ただし書において同じ。）を得た者によつて上演、演奏、上映、公衆送信、口

現行

（著作物の発行）

第三条　著作物は、その性質に応じ公衆の要求を満たすことができる相当程度の部数の複製物が、第二十一条に規定する権利を有する者又はその許諾（第六十三条第一項の規定による利用の許諾をいう。第四条の二及び第六十三条を除き、以下この章及び次章において同じ。）を得た者若しくは第七十九条の出版権の設定を受けた者によつて作成され、頒布された場合（第二十六条、第二十六条の二第一項又は第二十六条の三に規定する権利を有する者の権利を害しない場合に限る。）において、発行されたものとする。

２・３　（略）

（著作物の公表）

第四条　著作物は、発行され、又は第二十二条から第二十五条までに規定する権利を有する者若しくはその許諾を得た者によつて上演、演奏、上映、公衆送信、口述若しくは展示の方法で公衆に提示された場合（建築の著作物にあつては、第二十一条に規定する権利を有する者又はその許諾を得た者によつて建設された場合を含む。）において、公表されたものとする。

述若しくは展示の方法で公衆に提示された場合（建築の著作物にあつては、第二十一条に規定する権利を有する者又はその許諾（第六十三条第一項の規定による利用の許諾をいう。）を得た者によつて建設された場合を含む。）において、公表されたものとする。

2　著作物は、第二十三条第一項に規定する権利を有する者又はその許諾を得た者若しくは第七十九条の出版権の設定を受けた者若しくはその公衆送信許諾を得た者によつて送信可能化された場合には、公表されたものとみなす。

3～5　（略）

（保護を受ける実演）

第七条　実演は、次の各号のいずれかに該当するものに限り、この法律による保護を受ける。

一　国内において行われる実演

二～七　（略）

八　前各号に掲げるもののほか、視聴覚的実演に関する北京条約の締約国の国民又は当該締約国に常居所を有する者である実演家に係る実演

（図書館等における複製等）

第三十一条　（略）

2　前項各号に掲げる場合のほか、国立国会図書館においては、図書館資料の原本を公衆の利用に供することによるその滅失、損傷若しくは汚損を避けるために当該原本に代えて公衆の利用に供するため、又は絶版等資料に係る著作物を次項の規定により自動公衆送信（送信可能化を含む。同項において同じ。）に用いるため、電磁的記録（電子的方式、磁気的方式その他人の

2　著作物は、第二十三条第一項に規定する権利を有する者又はその許諾を得た者によつて送信可能化された場合には、公表されたものとみなす。

3～5　（略）

（保護を受ける実演）

第七条　実演は、次の各号のいずれかに該当するものに限り、この法律による保護を受ける。

一　国内において行なわれる実演

二～七　（略）

（図書館等における複製等）

第三十一条　（略）

2　前項各号に掲げる場合のほか、国立国会図書館においては、図書館資料の原本を公衆の利用に供することによるその滅失、損傷若しくは汚損を避けるために当該原本に代えて公衆の利用に供するため、又は絶版等資料に係る著作物を次項の規定により自動公衆送信（送信可能化を含む。同項において同じ。）に用いるため、電磁的記録（電子的方式、磁気的方式その他人の

知覚によつては認識することができない方式で作られる記録であつて、電子計算機による情報処理の用に供されるものをいう。以下同じ。）を作成する場合には、必要と認められる限度において、当該図書館資料に係る著作物を記録媒体に記録することができる。

3　（略）

（視覚障害者等のための複製等）

第三十七条　（略）

2　（略）

3　視覚障害者その他視覚による表現の認識に障害のある者（以下この項及び第百二条第四項において「視覚障害者等」という。）の福祉に関する事業を行う者で政令で定めるものは、公表された著作物であつて、視覚によりその表現が認識される方式（視覚及び他の知覚により認識される方式を含む。）により公衆に提供され、又は提示されているもの（当該著作物以外の著作物で、当該著作物において複製されているものその他当該著作物と一体として公衆に提供され、又は提示されているものを含む。以下この項及び同条第四項において「視覚著作物」という。）について、専ら視覚障害者等で当該方式によつては当該視覚著作物を利用することが困難な者の用に供するために必要と認められる限度において、当該視覚著作物に係る文字を音声にすることその他当該視覚障害者等が利用するために必要な方式により、複製し、又は自動公衆送信（送信可能化を含む。）を行うことができる。ただし、当該視覚著作物について、著作権者又はその許諾を得た者若しくは第七十九条の出版権の設定を受けた者若しくはその複製許諾若しくは公衆送信許諾を得た者により、当該方式による公衆への提供又は提示が行われている場合

知覚によつては認識することができない方式で作られる記録であつて、電子計算機による情報処理の用に供されるものをいう。第三十三条の二第四項において同じ。）を作成する場合には、必要と認められる限度において、当該図書館資料に係る著作物を記録媒体に記録することができる。

3　（略）

（視覚障害者等のための複製等）

第三十七条　（略）

2　（略）

3　視覚障害者その他視覚による表現の認識に障害のある者（以下この項及び第百二条第四項において「視覚障害者等」という。）の福祉に関する事業を行う者で政令で定めるものは、公表された著作物であつて、視覚によりその表現が認識される方式（視覚及び他の知覚により認識される方式を含む。）により公衆に提供され、又は提示されているもの（当該著作物以外の著作物で、当該著作物において複製されているものその他当該著作物と一体として公衆に提供され、又は提示されているものを含む。以下この項及び同条第四項において「視覚著作物」という。）について、専ら視覚障害者等で当該方式によつては当該視覚著作物を利用することが困難な者の用に供するために必要と認められる限度において、当該視覚著作物に係る文字を音声にすることその他当該視覚障害者等が利用するために必要な方式により、複製し、又は自動公衆送信（送信可能化を含む。）を行うことができる。ただし、当該視覚著作物について、著作権者又はその許諾を得た者若しくは第七十九条の出版権の設定を受けた者により、当該方式による公衆への提供又は提示が行われている場合は、この限りでない。

は、この限りでない。

（聴覚障害者等のための複製等）

第三七条の二　聴覚障害者その他聴覚による表現の認識に障害のある者（以下この条及び次条第五項において「聴覚障害者等」という。）の福祉に関する事業を行う者で次の各号に掲げる利用の区分に応じて政令で定めるものは、公表された著作物であつて、聴覚によりその表現が認識される方式（聴覚及び他の知覚により認識される方式を含む。）により公衆に提供され、又は提示されているもの（当該著作物以外の著作物で、当該著作物において複製されているものその他当該著作物と一体として公衆に提供され、又は提示されているものを含む。以下この条において「聴覚著作物」という。）について、専ら聴覚障害者等で当該方式によつては当該聴覚著作物を利用することが困難な者の用に供するために必要と認められる限度において、それぞれ当該各号に掲げる利用を行うことができる。ただし、当該聴覚著作物について、著作権者又はその許諾を得た者若しくは第七十九条の出版権の設定を受けた者若しくはその複製許諾若しくは公衆送信許諾を得た者により、当該聴覚障害者等が利用するために必要な方式による公衆への提供又は提示が行われている場合は、この限りでない。

一・二（略）

（出版権の設定）

第七九条　第二十一条又は第二十三条第一項に規定する権利を有する者（以下この章において「複製権等保有者」という。）は、その著作物について、文書若しくは図画として出版すること（電子計算機を用いてその映像面に文書又は図画として表示される

（聴覚障害者等のための複製等）

第三七条の二　聴覚障害者その他聴覚による表現の認識に障害のある者（以下この条及び次条第五項において「聴覚障害者等」という。）の福祉に関する事業を行う者で次の各号に掲げる利用の区分に応じて政令で定めるものは、公表された著作物であつて、聴覚によりその表現が認識される方式（聴覚及び他の知覚により認識される方式を含む。）により公衆に提供され、又は提示されているもの（当該著作物以外の著作物で、当該著作物において複製されているものその他当該著作物と一体として公衆に提供され、又は提示されているものを含む。以下この条において「聴覚著作物」という。）について、専ら聴覚障害者等で当該方式によつては当該聴覚著作物を利用することが困難な者の用に供するために必要と認められる限度において、それぞれ当該各号に掲げる利用を行うことができる。ただし、当該聴覚著作物について、著作権者又はその許諾を得た者若しくは第七十九条の出版権の設定を受けた者により、当該聴覚障害者等が利用するために必要な方式による公衆への提供又は提示が行われている場合は、この限りでない。

一・二（略）

（出版権の設定）

第七九条　第二十一条に規定する権利を有する者（以下この章において「複製権者」という。）は、その著作物を文書又は図画として出版することを引き受ける者に対し、出版権を設定することができる。

ようにする方式により記録媒体に記録し、当該記録媒体に記録された当該著作物の複製物により頒布することを含む。次条第二項及び第八十一条第一号において「出版行為」という。）又は当該方式により記録媒体に記録された当該著作物の複製物を用いて公衆送信（放送又は有線放送を除き、自動公衆送信の場合にあつては送信可能化を含む。以下この章において同じ。）を行うこと（次条第二項及び第八十一条第二号において「公衆送信行為」という。）を引き受ける者に対し、出版権を設定することができる。

2　複製権等保有者は、その複製権又は公衆送信権を目的とする質権が設定されているときは、当該質権を有する者の承諾を得た場合に限り、出版権を設定することができるものとする。

（出版権の内容）

第八〇条　出版権者は、設定行為で定めるところにより、その出版権の目的である著作物について、次に掲げる権利の全部又は一部を専有する。

一　頒布の目的をもつて、原作のまま印刷その他の機械的又は化学的方法により文書又は図画として複製する権利（原作のまま前条第一項に規定する方式により記録媒体に記録された電磁的記録として複製する権利を含む。）

二　原作のまま前条第一項に規定する方式により記録媒体に記録された当該著作物の複製物を用いて公衆送信を行う権利

2　出版権の存続期間中に当該著作物の著作者が死亡したとき、又は、設定行為に別段の定めがある場合を除き、出版権の設定後最初の出版行為又は公衆送信行為（第八十三条第二項及び第八十四条第三項において「出版行為等」という。）があつた日から三年を経過したときは、複製権等保有者は、前項の規定に

2　複製権者は、その複製権を目的とする質権が設定されているときは、当該質権を有する者の承諾を得た場合に限り、出版権を設定することができるものとする。

（出版権の内容）

第八〇条　出版権者は、設定行為で定めるところにより、頒布の目的をもつて、その出版権の目的である著作物を原作のまま印刷その他の機械的又は化学的方法により文書又は図画として複製する権利を専有する。

2　出版権の存続期間中に当該著作物の著作者が死亡したとき、又は、設定行為に別段の定めがある場合を除き、出版権の設定後最初の出版があつた日から三年を経過したときは、複製権者は、前項の規定にかかわらず、当該著作物を全集その他の編集物（その著作者の著作物のみを編集したものに限る。）に収録

かかわらず、当該著作物について、全集その他の編集物（その著作者の著作物のみを編集したものに限る。）に収録して複製し、又は公衆送信を行うことができる。

3 出版権者は、複製権等保有者の承諾を得た場合に限り、他人に対し、その出版権の目的である著作物の複製又は公衆送信を許諾することができる。

4 第六十三条第二項、第三項及び第五項の規定は、前項の場合について準用する。この場合において、同条第三項中「著作権者」とあるのは「第七十九条第一項の複製権等保有者及び出版権者」と、同条第五項中「第二十三条第一項」とあるのは「第八十条第一項（第二号に係る部分に限る。）」と読み替えるものとする。

（出版の義務）

第八十一条 出版権者は、次の各号に掲げる区分に応じ、その出版権の目的である著作物につき当該各号に定める義務を負う。ただし、設定行為に別段の定めがある場合は、この限りでない。

一 前条第一項第一号に掲げる権利に係る出版権者（次条において「第一号出版権者」という。）次に掲げる義務

イ 複製権等保有者からその著作物を複製するために必要な原稿その他の原品若しくはこれに相当する物の引渡し又はその著作物に係る電磁的記録の提供を受けた日から六月以内に当該著作物について出版行為を行う義務

ロ 当該著作物について慣行に従い継続して出版行為を行う義務

二 前条第一項第二号に掲げる権利に係る出版権者（次条第一項第二号において「第二号出版権者」という。）次に掲げる義務

して複製することができる。

3 出版権者は、他人に対し、その出版権の目的である著作物の複製を許諾することができない。

（出版の義務）

第八十一条 出版権者は、その出版権の目的である著作物につき次に掲げる義務を負う。ただし、設定行為に別段の定めがある場合は、この限りでない。

一 複製権者からその著作物を複製するために必要な原稿その他の原品又はこれに相当する物の引渡しを受けた日から六月以内に当該著作物を出版する義務

二 当該著作物を慣行に従い継続して出版する義務

イ　複製権等保有者からその著作物について公衆送信を行うために必要な原稿その他の原品若しくはこれに相当する物の引渡し又はその著作物に係る電磁的記録の提供を受けた日から六月以内に当該著作物について公衆送信行為を行う義務

ロ　当該著作物について慣行に従い継続して公衆送信行為を行う義務

（著作物の修正増減）

第八十二条　著作者は、次に掲げる場合には、正当な範囲内において、その著作物に修正又は増減を加えることができる。

一　その著作物を第一号出版権者が改めて複製する場合

二　その著作物について第二号出版権者が公衆送信を行う場合

2　第一号出版権者は、その出版権の目的である著作物を改めて複製しようとするときは、その都度、あらかじめ著作者にその旨を通知しなければならない。

（出版権の存続期間）

第八十三条　（略）

2　出版権は、その存続期間につき設定行為に定めがないときは、その設定後最初の出版行為等があつた日から三年を経過した日において消滅する。

（出版権の消滅の請求）

第八十四条　出版権者が第八十一条第一号（イに係る部分に限る。）又は第二号（イに係る部分に限る。）の義務に違反したときは、複製権等保有者は、出版権者に通知してそれぞれ第八十条第一項第一号又は第二号に掲げる権利に係る出版権を消滅させるこ

（著作物の修正増減）

第八十二条　著作者は、その著作物を出版権者があらためて複製する場合には、正当な範囲内において、その著作物に修正又は増減を加えることができる。

2　出版権者は、その出版権の目的である著作物をあらためて複製しようとするときは、そのつど、あらかじめ著作者にその旨を通知しなければならない。

（出版権の存続期間）

第八十三条　（略）

2　出版権は、その存続期間につき設定行為に定めがないときは、その設定後最初の出版があつた日から三年を経過した日において消滅する。

（出版権の消滅の請求）

第八十四条　出版権者が第八十一条第一号の義務に違反したときは、複製権者は、出版権者に通知してその出版権を消滅させることができる。

とができる。

2　出版権者が第八十一条第一号（ロに係る部分に限る。）又は第二号（ロに係る部分に限る。）の義務に違反した場合において、複製権等保有者が三月以上の期間を定めてその履行を催告したにもかかわらず、その期間内にその履行がされないときは、複製権等保有者は、出版権者に通知してそれぞれ第八十条第一項第一号又は第二号に掲げる権利に係る出版権を消滅させることができる。

3　複製権等保有者である著作者は、その著作物の内容が自己の確信に適合しなくなつたときは、その著作物の出版行為等を廃絶するために、出版権者に通知してその出版権を消滅させることができる。ただし、当該廃絶により出版権者に通常生ずべき損害をあらかじめ賠償しない場合は、この限りでない。

（出版権の制限）

第八六条　第三十条第一項（第三号を除く。次項において同じ。）、第三十条の二第二項、第三十条の三、第三十一条第一項及び第三項後段、第三十二条、第三十三条第一項（同条第四項において準用する場合を含む。）、第三十三条の二第一項及び第四項、第三十四条第一項、第三十五条第一項、第三十六条第一項、第三十七条、第三十七条の二、第三十九条第一項、第四十条第一項及び第二項、第四十一条から第四十二条の二まで、第四十二条の三第二項並びに第四十六条から第四十七条の二までの規定は、出版権の目的となつている著作物の複製について準用する。この場合において、第三十条の二第二項、第三十条の三、第三十五条第一項、第四十二条第一項及び第四十七条の二中「著作権者」とあるのは、「出版権者」と読み替えるものとする。

2　出版権者が第八十一条第二号の義務に違反した場合において、複製権者が三月以上の期間を定めてその履行を催告したにもかかわらず、その期間内にその履行がされないときは、複製権者は、出版権者に通知してその出版権を消滅させることができる。

3　複製権者である著作者は、その著作物の内容が自己の確信に適合しなくなつたときは、その著作物の出版を廃絶するために、出版権者に通知してその出版権を消滅させることができる。ただし、当該廃絶により出版権者に通常生ずべき損害をあらかじめ賠償しない場合は、この限りでない。

（出版権の制限）

第八六条　第三十条第一項（第三号を除く。次項において同じ。）、第三十条の二第二項、第三十条の三、第三十一条第一項及び第三項後段、第三十二条、第三十三条第一項（同条第四項において準用する場合を含む。）、第三十三条の二第一項、第三十四条第一項、第三十五条第一項、第三十六条第一項、第三十七条第一項及び第三項、第三十七条の二、第三十九条第一項、第四十条第一項及び第二項、第四十一条から第四十二条の二まで、第四十二条の三第二項並びに第四十六条から第四十七条の二までの規定は、出版権の目的となつている著作物の複製について準用する。この場合において、第三十条の二第二項、第三十条の三、第三十五条第一項、第四十二条第一項及び第四十七条の二中「著作権者」とあるのは、「出版権者」と読み替えるものとする。

2　前項において準用する第三十条第一項、第三十条の三、第三十一条第一項第一号若しくは第三項後段、第三十三条の二第一項若しくは第四項、第三十五条第一項、第三十七条第三項、第三十七条の二本文(同条第二号に係る場合にあつては、同号)、第四十一条から第四十二条の二まで、第四十二条の三第二項又は第四十七条の二に定める目的以外の目的のために、これらの規定の適用を受けて作成された著作物の複製物を頒布し、又は当該複製物によつて当該著作物を公衆に提示した者は、第八十条第一項第一号の複製を行つたものとみなす。

3　第三十条の二第二項、第三十条の三、第三十一条第三項前段、第三十二条第一項、第三十三条の二第四項、第三十五条第二項、第三十六条第一項、第三十七条第二項及び第三項、第三十七条の二（第二号を除く。）、第四十条第一項、第四十一条、第四十二条の二、第四十二条の三第二項、第四十六条、第四十七条の二並びに第四十七条の六の規定は、出版権の目的となつている著作物の公衆送信について準用する。この場合において、第三十条の二第二項、第三十条の三、第三十五条第二項、第三十六条第一項及び第四十七条の二中「著作権者」とあるのは「出版権者」と、第四十七条の六ただし書中「著作権」とあるのは「出版権」と読み替えるものとする。

（出版権の譲渡等）

第八七条　出版権は、複製権等保有者の承諾を得た場合に限り、その全部又は一部を譲渡し、又は質権の目的とすることができる。

（出版権の登録）

第八八条　次に掲げる事項は、登録しなければ、第三者に対抗す

2　前項において準用する第三十条第一項、第三十条の三、第三十一条第一項第一号若しくは第三項後段、第三十三条の二第一項、第三十五条第一項、第三十七条第三項、第三十七条の二本文（同条第二号に係る場合にあつては、同号）、第四十一条から第四十二条の二まで、第四十二条の三第二項又は第四十七条の二に定める目的以外の目的のために、これらの規定の適用を受けて作成された著作物の複製物を頒布し、又は当該複製物によつて当該著作物を公衆に提示した者は、第八十条第一項の複製を行つたものとみなす。

（出版権の譲渡等）

第八七条　出版権は、複製権者の承諾を得た場合に限り、譲渡し、又は質権の目的とすることができる。

（出版権の登録）

第八八条　次に掲げる事項は、登録しなければ、第三者に対抗す

ることができない。 一　出版権の設定、移転（相続その他の一般承継によるものを除く。次号において同じ。）、変更若しくは消滅（混同又は複製権若しくは公衆送信権の消滅によるものを除く。）又は処分の制限 二　（略） 2　（略） （損害の額の推定等） 第一一四条　（略） 2　（略） 3　著作権者、出版権者又は著作隣接権者は、故意又は過失によりその著作権、出版権又は著作隣接権を侵害した者に対し、その著作権、出版権又は著作隣接権の行使につき受けるべき金銭の額に相当する額を自己が受けた損害の額として、その賠償を請求することができる。 4　前項の規定は、同項に規定する金額を超える損害の賠償の請求を妨げない。この場合において、著作権、出版権又は著作隣接権を侵害した者に故意又は重大な過失がなかつたときは、裁判所は、損害の賠償の額を定めるについて、これを参酌することができる。
ることができない。 一　出版権の設定、移転（相続その他の一般承継によるものを除く。次号において同じ。）、変更若しくは消滅（混同又は複製権の消滅によるものを除く。）又は処分の制限 二　（略） 2　（略） （損害の額の推定等） 第一一四条　（略） 2　（略） 3　著作権者又は著作隣接権者は、故意又は過失によりその著作権又は著作隣接権を侵害した者に対し、その著作権又は著作隣接権の行使につき受けるべき金銭の額に相当する額を自己が受けた損害の額として、その賠償を請求することができる。 4　前項の規定は、同項に規定する金額を超える損害の賠償の請求を妨げない。この場合において、著作権又は著作隣接権を侵害した者に故意又は重大な過失がなかつたときは、裁判所は、損害の賠償の額を定めるについて、これを参酌することができる。

著作権法の一部を改正する法律（平成二六年法律第三五号）附則（抄）

（施行期日）

第一条　この法律は、平成二十七年一月一日から施行する。ただし、第七条の改正規定及び次条の規定は、視聴覚的実演に関する北京条約（同条において「視聴覚的実演条約」という。）が日本国について効力を生ずる日から施行する。

（著作隣接権に関する規定の適用）

第二条　この法律による改正後の著作権法（以下この条において「新法」という。）第七条第四号に掲げる実演（同条第一号から第三号までに掲げる実演に該当するものを除く。）又は同条第五号に掲げる実演であって、視聴覚的実演条約の締約国の国民又は当該締約国に常居所を有する者である実演家に係るものに対する新法中著作隣接権に関する規定（第九十五条の三第三項及び第四項の規定を含む。）の適用については、著作権法の一部を改正する法律（昭和六十一年法律第六十四号）附則第三項、著作権法の一部を改正する法律（平成元年法律第四十三号。次項において「平成元年改正法」という。）附則第二項及び著作権法の一部を改正する法律（平成三年法律第六十三号）附則第二項の規定は、適用しない。

2　視聴覚的実演条約の締約国の国民又は当該締約国に常居所を有する者である実演家（当該実演家に係る実演が行われた際国内に常居所を有しない外国人であった者に限る。）に対する新法中著作隣接権に関する規定（第九十五条の三第三項及び第四項の規定を含む。）の適用については、平成元年改正法附則第四項の規定は、適用しない。

（出版権についての経過措置）

第三条　この法律の施行前に設定されたこの法律による改正前の著作権法による出版権でこの法律の施行の際現に存するものについては、なお従前の例による。

（政令への委任）

第四条　前三条に規定するもののほか、この法律の施行に関し必要な経過措置は、政令で定める。

行政不服審査法の施行に伴う関係法律の整備等に関する法律（抄）

（平成二十六年六月十三日、法律第六十九号）

○私的独占の禁止及び公正取引の確保に関する法律（第一三条関係）

改正	現行
第七〇条の一二　公正取引委員会の排除措置命令及び納付命令及び競争回復措置命令並びにこの節の規定による決定その他の処分（第四十七条第二項の規定による審査官の処分及びこの節の規定による指定職員の処分を含む。）又はその不作為については、審査請求をすることができない。	第七〇条の一二　公正取引委員会がした排除措置命令及び納付命令及び競争回復措置命令並びにこの節の規定による決定その他の処分（第四十七条第二項の規定によつて審査官がした処分及びこの節の規定によつて指定職員がした処分を含む。）については、行政不服審査法（昭和三十七年法律第百六十号）による不服申立てをすることができない。
第一一八条　この章の規定による公正取引委員会又は委員会職員の処分又はその不作為については、審査請求をすることができない。	第一一八条　この章の規定に基づいて公正取引委員会又は委員会職員がした処分については、行政不服審査法による不服申立てをすることができない。

〔本条は平成二五年法律第一〇〇号による改正（未施行）後のものです。〕

○著作権法（第一一二条関係）

改正	現行
（補償金の額についての審査請求の制限） **第七三条**　第六十七条第一項、第六十八条第一項又は第六十九条の裁定又は裁定をしない処分についての審査請求においては、その裁定又は裁定をしない処分に係る補償金の額についての不服をその裁定又は裁定をしない処分についての不服の理由とすることができない。ただし、第六十七条第一項の裁定又は裁定をしない処分を受けた者が著作権者の不明その他これに準ずる理由により前条第一項の訴えを提起することができない場合は、この限りでない。	（補償金の額についての異議申立ての制限） **第七三条**　第六十七条第一項、第六十八条第一項又は第六十九条の裁定又は裁定をしない処分についての行政不服審査法（昭和三十七年法律第百六十号）による異議申立てにおいては、その裁定又は裁定をしない処分に係る補償金の額についての不服をその裁定又は裁定をしない処分についての不服の理由とすることができない。ただし、第六十七条第一項の裁定又は裁定をしない処分を受けた者が著作権者の不明その他これに準ずる理由により前条第一項の訴えを提起することができない場合は、この限りでない。

○種苗法（第二〇九条関係）

改正	現行
（出願公表の効果等）	（出願公表の効果等）
第一四条　（略）	第一四条　（略）
2・3　（略）	2・3　（略）
4　出願公表後に品種登録出願が放棄され、取り下げられ、若しくは却下されたとき、品種登録出願が拒絶されたとき、第四十九条第一項第一号若しくは第四号の規定により品種登録が取り消されたとき、品種登録についての審査請求が理由があるとしてこれを取り消す裁決が確定したとき、又は品種登録を取り消し、若しくは無効を確認する判決が確定したときは、第一項の規定による請求権は、初めから生じなかったものとみなす。	4　出願公表後に品種登録出願が放棄され、取り下げられ、若しくは却下されたとき、品種登録出願が拒絶されたとき、第四十九条第一項第一号若しくは第四号の規定により品種登録が取り消されたとき、品種登録についての行政不服審査法（昭和三十七年法律第百六十号）に基づく異議申立てが理由があるとしてこれを取り消す決定が確定したとき、又は品種登録を取り消し、若しくは無効を確認する判決が確定したときは、第一項の規定による請求権は、初めから生じなかったものとみなす。
5　（略）	5　（略）
（品種登録についての審査請求の特則）	（品種登録についての異議申立ての特則）
第五一条　品種登録についての審査請求については、行政不服審査法（平成二十六年法律第六十八号）第十八条の規定は、適用しない。	第五一条　品種登録についての異議申立てについては、行政不服審査法第四十五条の規定は適用せず、かつ、同法第四十八条の規定にかかわらず、同法第十四条第三項の規定は準用しない。
2　品種登録についての審査請求の審理は、当該品種登録に係る育成者権者又は専用利用権者その他登録した権利を有する者に対し、相当な期間をおいて通知した上で行わなければならない。	2　品種登録についての行政不服審査法に基づく異議申立ての審理は、当該品種登録に係る育成者権者又は専用利用権者その他登録した権利を有する者に対し、相当な期間をおいて通知した上で行わなければならない。
3　行政不服審査法第十一条第二項に規定する審理員は、前項の規定により通知を受けた者が当該審査請求に参加することを求	3　農林水産大臣は、前項の規定により通知を受けた者が当該異議申立てに参加することを求めたときは、これを許可しなければ

めたときは、これを許可しなければならない。

ばならない。

○特許法（第二二七条関係）

改正	現行
（裁定についての不服の理由の制限）	（裁定についての不服の理由の制限）
第九一条の二　第八十三条第二項の規定による裁定についての行政不服審査法（平成二十六年法律第六十八号）の規定による審査請求においては、その裁定で定める対価についての不服をその裁定についての不服の理由とすることができない。	第九一条の二　第八十三条第二項の規定による裁定についての行政不服審査法（昭和三十七年法律第百六十号）による異議申立てにおいては、その裁定で定める対価についての不服をその裁定についての不服の理由とすることができない。
（審判請求書の補正）	（審判請求書の補正）
第一三一条の二　（略）	第一三一条の二　（略）
2・3　（略）	2・3　（略）
4　第二項の決定又はその不作為に対しては、不服を申し立てることができない。	4　第二項の決定に対しては、不服を申し立てることができない。
（除斥又は忌避の申立についての決定）	（除斥又は忌避の申立についての決定）
第一四三条　（略）	第一四三条　（略）
2　（略）	2　（略）
3　第一項の決定又はその不作為に対しては、不服を申し立てることができない。	3　第一項の決定に対しては、不服を申し立てることができない。
第一四九条　（略）	第一四九条　（略）
2〜4　（略）	2〜4　（略）
5　第三項の決定又はその不作為に対しては、不服を申し立てることができない。	5　第三項の決定に対しては、不服を申し立てることができない。

第一八四条の二　削除

（行政不服審査法の規定による審査請求の制限）

第一九五条の四　査定、取消決定若しくは審決及び特許異議申立書、審判若しくは再審の請求書若しくは第百二十条の五第二項若しくは第百三十四条の二第一項の訂正の請求書の却下の決定並びにこの法律の規定により不服を申し立てることができないこととされている処分又はこれらの不作為については、行政不服審査法の規定による審査請求をすることができない。

（不服申立てと訴訟との関係）

第一八四条の二　この法律又はこの法律に基づく命令の規定による処分（第百九十五条の四に規定する処分を除く。）の取消しの訴えは、当該処分についての異議申立て又は審査請求に対する決定又は裁決を経た後でなければ、提起することができない。

（行政不服審査法による不服申立ての制限）

第一九五条の四　査定、取消決定又は審決及び特許異議申立書、審判若しくは再審の請求書又は第百二十条の五第二項若しくは第百三十四条の二第一項の訂正の請求書の却下の決定並びにこの法律の規定により不服を申し立てることができないこととされている処分については、行政不服審査法による不服申立てをすることができない。

○実用新案法（第二二八条関係）

改　正	現　行
（審判請求書の補正） 第三八条の二　（略） 2・3　（略） 4　第二項の決定又はその不作為に対しては、不服を申し立てることができない。	（審判請求書の補正） 第三八条の二　（略） 2・3　（略） 4　第二項の決定に対しては、不服を申し立てることができない。
第四八条の二　削除	（不服申立てと訴訟との関係） 第四八条の二　特許法第百八十四条の二（不服申立てと訴訟との関係）の規定は、この法律又はこの法律に基づく命令の規定による処分（第五十五条第五項に規定する処分を除く。）の取消しの訴えに準用する。
（特許法の準用） 第五五条　（略） 2～4　（略） 5　特許法第百九十五条の四（行政不服審査法の規定による審査請求の制限）の規定は、この法律の規定による審決及び審判若しくは再審の請求書の却下の決定並びにこの法律の規定により不服を申し立てることができないこととされている処分又はこれらの不作為に準用する。	（特許法の準用） 第五五条　（略） 2～4　（略） 5　特許法第百九十五条の四（行政不服審査法による不服申立ての制限）の規定は、この法律の規定による審決及び審判又は再審の請求書の却下の決定並びにこの法律の規定により不服を申し立てることができないこととされている処分に準用する。

○意匠法（第二二九条関係）

改正	現行
第六〇条の二　削除	（不服申立てと訴訟との関係） 第六〇条の二　特許法第百八十四条の二（不服申立てと訴訟との関係）の規定は、この法律又はこの法律に基づく命令の規定による処分（第六十八条第七項に規定する処分を除く。）の取消しの訴えに準用する。
（特許法の準用） 第六八条　（略） 2～6　（略） 7　特許法第百九十五条の四（行政不服審査法の規定による審査請求の制限）の規定は、この法律の規定による補正の却下の決定、査定、審決及び審判若しくは再審の請求書の却下の決定並びにこの法律の規定により不服を申し立てることができないこととされている処分又はこれらの不作為に準用する。	（特許法の準用） 第六八条　（略） 2～6　（略） 7　特許法第百九十五条の四（行政不服審査法による不服申立ての制限）の規定は、この法律の規定による補正の却下の決定、査定、審決及び審判又は再審の請求書の却下の決定並びにこの法律の規定により不服を申し立てることができないこととされている処分に準用する。

○商標法（第二三〇条関係）

改正

目次

第一章～第五章　（略）

第六章　再審及び訴訟（第五十七条―第六十三条）

第七章～第九章　（略）

附則

（商標に関する規定の準用）

第六十八条　（略）

2～4　（略）

5　前章の規定は、防護標章登録に係る再審及び訴訟に準用する。この場合において、第五十九条第二号中「第三十七条各号」とあるのは「第六十七条第二号から第七号まで」と、第六十条中「商標登録に係る商標権」とあるのは「防護標章登録に基づく権利」と、「商標登録出願」とあるのは「防護標章登録出願若しくは防護標章登録に基づく権利の存続期間の更新登録の出願」と、「商標権の設定の登録」とあるのは「防護標章登録に基づく権利の設定の登録若しくは防護標章登録に

現行

目次

第一章～第五章　（略）

第六章　再審及び訴訟（第五十七条―第六十三条の二）

第七章～第九章　（略）

附則

（不服申立てと訴訟との関係）

第六十三条の二　特許法第百八十四条の二（不服申立てと訴訟との関係）の規定は、この法律又はこの法律に基づく命令の規定による処分（第七十七条第七項に規定する処分を除く。）の取消しの訴えに準用する。

（商標に関する規定の準用）

第六十八条　（略）

2～4　（略）

5　第五十七条から第六十三条の二までの規定は、防護標章登録に係る再審及び訴訟に準用する。この場合において、第五十九条第二号中「第三十七条各号」とあるのは「第六十七条第二号から第七号まで」と、第六十条中「商標登録に係る商標権」とあるのは「防護標章登録に基づく権利」と、「商標登録出願」とあるのは「防護標章登録出願若しくは防護標章登録に基づく権利の存続期間の更新登録の出願」と、「商標権の設定の登録」とあるのは「防護標章登録に基づく権利の

基づく権利の存続期間を更新した旨の登録」と、「又はこれらに類似する商品若しくは役務について当該登録商標又はこれに類似する商標」とあるのは「について当該登録防護標章と同一の商標」と読み替えるものとする。

（特許法の準用）

第七七条　（略）

2～6　（略）

7　特許法第百九十五条の四（行政不服審査法の規定による審査請求の制限）の規定は、この法律の規定による査定、補正の却下の決定、取消決定若しくは審決及び登録異議申立書若しくは審判若しくは再審の請求書の却下の決定並びにこの法律の規定により不服を申し立てることができないこととされている処分又はこれらの不作為に準用する。

設定の登録若しくは防護標章登録に基づく権利の存続期間を更新した旨の登録」と、「又はこれらに類似する商品若しくは役務について当該登録商標又はこれに類似する商標」とあるのは「について当該登録防護標章と同一の商標」と読み替えるものとする。

（特許法の準用）

第七七条　（略）

2～6　（略）

7　特許法第百九十五条の四（行政不服審査法による不服申立ての制限）の規定は、この法律の規定による査定、補正の却下の決定、取消決定又は審決及び登録異議申立書又は審判若しくは再審の請求書の却下の決定並びにこの法律の規定により不服を申し立てることができないこととされている処分に準用する。

○半導体集積回路の回路配置に関する法律（第二五二条関係）

改　正	現　行
（登録機関がした処分等に係る審査請求） 第四四条　登録機関が行う設定登録等事務に係る処分又はその不作為について不服がある者は、経済産業大臣に対し、審査請求をすることができる。この場合において、経済産業大臣は、行政不服審査法（平成二十六年法律第六十八号）第二十五条第二項及び第三項、第四十六条第一項及び第二項並びに第四十九条第三項の規定の適用については、登録機関の上級行政庁とみなす。	（登録機関がした処分等に係る不服申立て） 第四四条　登録機関が行う設定登録等事務に係る処分又はその不作為について不服がある者は、経済産業大臣に対し、行政不服審査法（昭和三十七年法律第百六十号）による審査請求をすることができる。

○弁理士法（第二五八条関係）

改正	現行
（業務）	（業務）
第四条　弁理士は、他人の求めに応じ、特許、実用新案、意匠若しくは商標又は国際出願、意匠に係る国際登録出願若しくは商標に係る国際登録出願に関する特許庁における手続及び特許、実用新案、意匠又は商標に関する行政不服審査法（平成二十六年法律第六十八号）の規定による審査請求又は裁定に関する経済産業大臣に対する手続についての代理並びにこれらの手続に係る事項に関する鑑定その他の事務を行うことを業とする。	第四条　弁理士は、他人の求めに応じ、特許、実用新案、意匠若しくは商標又は国際出願、意匠に係る国際登録出願若しくは商標に係る国際登録出願に関する特許庁における手続及び特許、実用新案、意匠又は商標に関する異議申立て又は裁定に関する経済産業大臣に対する手続についての代理並びにこれらの手続に係る事項に関する鑑定その他の事務を行うことを業とする。
2・3　（略）	2・3　（略）
（登録を拒否された場合の行政不服審査法の規定による審査請求）	（登録を拒否された場合の審査請求）
第二一条　第十九条第一項の規定により登録を拒否された者は、当該処分に不服があるときは、経済産業大臣に対して行政不服審査法の規定による審査請求をすることができる。	第二一条　第十九条第一項の規定により登録を拒否された者は、当該処分に不服があるときは、経済産業大臣に対して行政不服審査法（昭和三十七年法律第百六十号）による審査請求をすることができる。
2　（略）	2　（略）
3　前二項の場合において、経済産業大臣は、行政不服審査法第二十五条第二項及び第三項並びに第四十六条第二項の規定の適用については、日本弁理士会の上級行政庁とみなす。	3　前二項の規定による審査請求が理由があるときは、経済産業大臣は、日本弁理士会に対し、相当の処分をすべき旨を命じなければならない。
（登録の取消し）	（登録の取消し）
第二三条　（略）	第二三条　（略）

2　（略）
3　第十九条第一項後段並びに第二十一条第一項及び第三項の規定は、第一項の登録の取消しについて準用する。この場合において、同条第三項中「第四十六条第二項」とあるのは、「第四十六条第一項」と読み替えるものとする。

（登録拒否に関する規定の準用）
第二六条　第二十一条第一項及び第三項の規定は、第二十四条第一項第一号、第三号若しくは第五号又は前条第一項の規定による登録の抹消について準用する。この場合において、第二十一条第三項中「第四十六条第二項」とあるのは、「第四十六条第一項」と読み替えるものとする。

（弁理士又は特許業務法人でない者の業務の制限）
第七五条　弁理士又は特許業務法人でない者は、他人の求めに応じ報酬を得て、特許、実用新案、意匠若しくは商標若しくは国際出願、意匠に係る国際登録出願若しくは商標に係る国際登録出願に関する特許庁における手続若しくは特許、実用新案、意匠若しくは商標に関する行政不服審査法の規定による審査請求若しくは裁定に関する経済産業大臣に対する手続についての代理（特許料の納付手続についての代理、特許原簿への登録の申請手続についての代理その他の政令で定めるものを除く。）又はこれらの手続に係る事項に関する鑑定若しくは政令で定める書類若しくは電磁的記録（電子的方式、磁気的方式その他の人の知覚によっては認識することができない方式で作られる記録であって、電子計算機による情報処理の用に供されるものをいう。）の作成を業とすることができない。

2　（略）
3　第十九条第一項後段並びに第二十一条第一項及び第三項の規定は、第一項の登録の取消しについて準用する。

（登録拒否に関する規定の準用）
第二六条　第二十一条第一項及び第三項の規定は、第二十四条第一項第一号、第三号若しくは第五号又は前条第一項の規定による登録の抹消について準用する。

（弁理士又は特許業務法人でない者の業務の制限）
第七五条　弁理士又は特許業務法人でない者は、他人の求めに応じ報酬を得て、特許、実用新案、意匠若しくは商標若しくは国際出願、意匠に係る国際登録出願若しくは商標に係る国際登録出願に関する特許庁における手続若しくは特許、実用新案、意匠若しくは商標に関する異議申立て若しくは裁定に関する経済産業大臣に対する手続についての代理（特許料の納付手続についての代理、特許原簿への登録の申請手続についての代理その他の政令で定めるものを除く。）又はこれらの手続に係る事項に関する鑑定若しくは政令で定める書類若しくは電磁的記録（電子的方式、磁気的方式その他の人の知覚によっては認識することができない方式で作られる記録であって、電子計算機による情報処理の用に供されるものをいう。）の作成を業とすることができない。

行政不服審査法の施行に伴う関係法律の整備等に関する法律（平成二六年法律第六九号）附則（抄）

〔 〕は編集者が付したものです。

（施行期日）

第一条　この法律は、行政不服審査法（平成二十六年法律第六十八号）の施行の日〔平成二六年六月一三日から起算して二年を超えない範囲内において政令で定める日〕から施行する。

（経過措置の原則）

第五条　行政庁の処分その他の行為又は不作為についての不服申立てであってこの法律の施行前にされた行政庁の処分その他の行為又はこの法律の施行前にされた申請に係る行政庁の不作為に係るものについては、この附則に特別の定めがある場合を除き、なお従前の例による。

（訴訟に関する経過措置）

第六条　この法律による改正前の法律の規定により不服申立てに対する行政庁の裁決、決定その他の行為を経た後でなければ訴えを提起できないこととされる事項であって、当該不服申立てを提起しないでこの法律の施行前にこれを提起すべき期間を経過したもの（当該不服申立てが他の不服申立てに対する行政庁の裁決、決定その他の行為を経た後でなければ提起できないとされる場合にあっては、当該他の不服申立てを提起しないでこの法律の施行前にこれを提起すべき期間を経過したものを含む。）の訴えの提起については、なお従前の例による。

2　この法律の規定による改正前の法律の規定（前条の規定によりなお従前の例によることとされる場合を含む。）により異議申立てが提起された処分その他の行為であって、この法律の規定による改正後の法律の規定により審査請求に対する裁決を経た後でなければ取消しの訴えを提起することができないこととされるものの取消しの訴えの提起については、なお従前の例による。

3　不服申立てに対する行政庁の裁決、決定その他の行為の取消しの訴えであって、この法律の施行前に提起されたものについては、なお従前の例による。

（罰則に関する経過措置）

第九条　この法律の施行前にした行為並びに附則第五条及び前二条の規定によりなお従前の例によることとされる場合におけるこの法律の施行後にした行為に対する罰則の適用については、なお従前の例による。

（その他の経過措置の政令への委任）

第一〇条　附則第五条から前条までに定めるもののほか、この法律の施行に関し必要な経過措置（罰則に関する経過措置を含む。）は、政令で定める。

特定農林水産物等の名称の保護に関する法律（抄）

（平成二十六年六月二十五日、法律第八十四号）

○商標法（附則第四条関係）

改正	現行
（商標権の効力が及ばない範囲） 第二十六条　（略） ２　（略） ３　商標権の効力は、次に掲げる行為には、及ばない。ただし、その行為が不正競争の目的でされない場合に限る。 一　特定農林水産物等の名称の保護に関する法律（平成二十六年法律第八十四号。以下この項において「特定農林水産物等名称保護法」という。）第三条第一項の規定により商品又は商品の包装に特定農林水産物等名称保護法第二条第三項に規定する地理的表示（以下この項において「地理的表示」という。）を付する行為 二　特定農林水産物等名称保護法第三条第一項の規定により商品又は商品の包装に地理的表示を付したものを譲渡し、引き渡し、譲渡若しくは引渡しのために展示し、輸出し、又は輸入する行為 三　特定農林水産物等名称保護法第三条第一項の規定により商品に関する送り状に地理的表示を付して展示する行為	（商標権の効力が及ばない範囲） 第二十六条　（略） ２　（略）

特定農林水産物等の名称の保護に関する法律（平成二六年法律第八四号）附則（抄）　〔　〕は編者が付したものです。

（施行期日）

第一条　この法律は、公布の日〔平成二六年六月二五日〕から起算して一年を超えない範囲内において政令で定める日から施行する。（略）

（検討）

第二条　政府は、この法律の施行後十年以内に、この法律の施行の状況について検討を加え、その結果に基づいて必要な措置を講ずるものとする。

（調整規定）

第三条　この法律の施行の日が食品表示法（平成二十五年法律第七十号）の施行の日前である場合には、同日の前日までの間における第三条第二項の規定の適用については、同項中「農林物資の規格化等に関する法律」とあるのは、「農林物資の規格化及び品質表示の適正化に関する法律」とする。

会社法の一部を改正する法律の施行に伴う関係法律の整備等に関する法律（抄）

（平成二十六年六月二十七日、法律第九十一号）

○弁理士法

改正	現行
（合併の無効の訴え） 第五三条の三　会社法第八百二十八条第一項（第七号及び第八号に係る部分に限る。）及び第二項（第七号及び第八号に係る部分に限る。）、第八百三十四条（第七号及び第八号に係る部分に限る。）、第八百三十五条第一項、第八百三十六条第二項及び第三項、第八百三十七条から第八百三十九条まで、第八百四十三条（第一項第三号及び第四号並びに第二項ただし書を除く。）並びに第八百四十六条の規定は特許業務法人の合併の無効の訴えについて、同法第八百六十八条第六項、第八百七十条第二項（第六号に係る部分に限る。）、第八百七十条の二、第八百七十一条本文、第八百七十二条（第五号に係る部分に限る。）、第八百七十二条の二、第八百七十三条本文、第八百七十五条及び第八百七十六条の規定はこの条において準用する同法第八百四十三条第四項の申立てについて、それぞれ準用する。	（合併の無効の訴え） 第五三条の三　会社法第八百二十八条第一項（第七号及び第八号に係る部分に限る。）及び第二項（第七号及び第八号に係る部分に限る。）、第八百三十四条（第七号及び第八号に係る部分に限る。）、第八百三十五条第一項、第八百三十六条第二項及び第三項、第八百三十七条から第八百三十九条まで、第八百四十三条（第一項第三号及び第四号並びに第二項ただし書を除く。）並びに第八百四十六条の規定は特許業務法人の合併の無効の訴えについて、同法第八百六十八条第五項、第八百七十条第二項（第五号に係る部分に限る。）、第八百七十条の二、第八百七十一条本文、第八百七十二条（第五号に係る部分に限る。）、第八百七十二条の二、第八百七十三条本文、第八百七十五条及び第八百七十六条の規定はこの条において準用する同法第八百四十三条第四項の申立てについて、それぞれ準用する。

〔　〕は編者が付したものです。

会社法の一部を改正する法律の施行に伴う関係法律の整備等に関する法律附則（抄）

この法律は、会社法の一部を改正する法律の施行の日〔平成二六年六月二七日から起算して一年六月を超えない範囲内において政令で定める日〕から施行する。（略）

千九百七十九年九月二十八日に修正された千九百六十八年十月八日にロカルノで署名された意匠の国際分類を定めるロカルノ協定

（平成二十六年六月二十七日、条約十号）

※平成二六年外務省告示第二一八号（抄）
同協定は、その第九条(3)(b)の規定に従い、平成二六年九月二四日に日本国について効力を生ずる。

千九百七十九年九月二十八日に修正された千九百六十八年十月八日にロカルノで署名された意匠の国際分類を定めるロカルノ協定

第一条　特別の同盟の形成及び国際分類の採用

(1)　この協定が適用される国は、特別の同盟（以下「同盟」という。）を形成する。

(2)　(1)に規定する国は、意匠の単一の分類（以下「国際分類」という。）を採用する。

(3)　国際分類は、次のものから成る。

(i)　類別及び小類別の表

(ii)　意匠が構成する物品のアルファベット順の一覧表であって、物品の属する類及び小類を表示したもの

(iii)　注釈

(4)　類別及び小類別の表は、この協定に附属する表であり、第三条の規定に基づいて設置される専門家委員会（以下「専門家委員会」という。）が行う修正及び追加の対象となる。

(5)　物品のアルファベット順の一覧表及び注釈は、第三条に定める手続に従って専門家委員会によって採択される。

(6)　国際分類は、第三条に定める手続に従って専門家委員会が修正し、又は補足することができる。

(7)　(a)　国際分類は、英語及びフランス語で作成する。

(b)　第五条に規定する総会が指定する他の言語による国際分類の公定訳文は、世界知的所有権機関（以下「機関」という。）を設立する条約に規定する知的所有権国際事務局（以下「国際事務局」という。）が関係政府と協議した後、作成する。

第二条　国際分類の使用及び法的範囲

(1)　国際分類は、この協定に定める要件に従い事務的性質のみを有する。もっとも、各国は、適当と認める国際分類の法的範囲を定めることができる。国際分類は、特に、同盟の国（以下「同盟国」という。）において与えられた意匠の保護の性質及び

範囲について同盟国を拘束しない。

(2) 各同盟国は、国際分類を主たる体系又は副次的な体系として使用する権利を留保する。

(3) 同盟国の官庁は、意匠の寄託又は登録のための公文書に、及び刊行物が公式に発行されている場合には当該刊行物に、意匠が構成する物品の属する国際分類の類及び小類の番号を記載する。

(4) 専門家委員会は、物品のアルファベット順の一覧表に記載するための用語を選択する際に、排他的権利が存在する用語を使用することを避けるために妥当な注意を払う。もっとも、アルファベット順の索引中にいかなる単語又は語句が記載されても、当該単語又は語句が排他的権利の対象となるか否かについての専門家委員会の見解の表明ではない。

第三条　専門家委員会

(1) 専門家委員会は、第一条(4)から(6)までに規定する任務を与えられる。各同盟国は、専門家委員会において代表されるものとし、専門家委員会は、代表を出した同盟国の単純多数による議決で採択される手続規則に従って組織する。

(2) 専門家委員会は、アルファベット順の一覧表及び注釈について同盟国の投票の単純多数による議決で採択する。

(3) 国際分類の修正又は追加のための提案は、同盟国の官庁又は国際事務局が行うことができる。官庁から提議された提案は、当該官庁により国際事務局に提出される。官庁及び国際事務局からの提案は、国際事務局が専門家委員会の構成国に対し、当該提案が検討される専門家委員会の会期の遅くとも二箇月前までに送付する。

(4) 国際分類の修正及び追加の採択に関する専門家委員会の決定は、同盟国の単純多数による議決で行う。ただし、当該決定が新たな類の設定又は物品の一の類から他の類への移行を伴う場合には、全会一致によることを必要とする。

(5) 専門家は、郵便により投票する権利を有する。

(6) 専門家委員会の会期に代表者を任命しない国がある場合又は任命した専門家が当該会期中若しくは専門家委員会の手続規則に定める期間内に賛否を表明しない国がある場合には、それらの国は、専門家委員会の決定を受け入れたものとみなす。

第四条　国際分類並びにその修正及び追加の通報及び公表

(1) 国際事務局は、専門家委員会によって採択される物品のアルファベット順の一覧表及び注釈並びに専門家委員会によって決定される国際分類の修正又は追加を同盟国の官庁に通報する。専門家委員会の決定は、その通報が受理された時に効力を生ずる。ただし、当該決定が新たな類の設定又は物品の一の類から他の類への移行を伴う場合には、当該決定は、当該通報の日から六箇月以内に効力を生ずる。

(2) 国際事務局は、国際分類の寄託者として、効力の生じた修正及び追加を国際分類に組み入れる。当該修正及び追加についての公表は、総会が指定する定期刊行物により行う。

第五条　同盟の総会

(1) (a) 同盟は、同盟国で構成する総会を有する。

(b) 各同盟国の政府は、一人の代表によって代表されるものとし、代表は、代表代理、顧問及び専門家の補佐を受けることができる。

(c) 各代表団の費用は、その代表団を任命した政府が負担する。

(2) (a) 総会は、第三条の規定の適用を条件として、次のことを行う。

(i) 同盟の維持及び発展並びにこの協定の実施に関する全ての事項を取り扱うこと。

(ii) 国際事務局に対し、改正会議の準備に関する指示を与えること。

(iii) 同盟に関する機関の事務局長（以下「事務局長」という。）の報告及び活動を検討し、及び承認すること並びに事務局長に対し同盟の権限内の事項について全ての必要な指示を与えること。

(iv) 同盟の事業計画を決定し、及び二年予算を採択すること並びに同盟の決算を承認すること。

(v) 同盟の財政規則を採択すること。

(vi) 英語及びフランス語以外の言語による国際分類の公定訳文の作成を決定すること。

(vii) 第三条の規定により設置される専門家委員会のほかに、同盟の目的を達成するために適当と認める専門家の他の委員会及び作業部会を設置すること。

(viii) 同盟の構成国でない国、政府間機関及び国際的な非政府機関であって、総会の会合にオブザーバーとして出席することを認められるものを決定すること。

(xi) この条から第八条までの規定の修正を採択すること。

(x) 同盟の目的を達成するため、他の適当な措置をとること。

(xi) その他この協定に基づく任務を遂行すること。

(b) 総会は、同盟以外の諸同盟であって、機関が管理業務を行っているものにも利害関係のある事項については、機関の調整委員会の助言を受けた上で決定を行う。

(3)

(a) 総会の各構成国は、一の票を有する。

(b) 総会の構成国の二分の一をもって定足数とする。

(c) 総会は、(b)の規定にかかわらず、いずれの会合においても、代表を出した国の数が総会の構成国の二分の一に満たないが三分の一以上である場合には、決定を行うことができる。ただし、その決定は、総会の手続に関する決定を除くほか、次の条件が満たされた場合にのみ効力を生ずる。すなわち、国際事務局は、代表を出さなかった総会の構成国に対し、その決定を通報し、その通報の日から三箇月の期間内に賛否又は棄権を書面によって表明するよう要請する。当該期間の満了の時に、賛否又は棄権を表明した国の数が会合の定足数の不足を満たすこととなり、かつ、必要とされる多数の賛成がなお存在する場合には、当該決定は、効力を生ずる。

(d) 総会の決定は、第八条(2)の規定が適用される場合を除くほか、投票数の三分の二以上の多数による議決で行う。

(e) 棄権は、投票とみなさない。

(f) 代表は、一の国のみを代表し、その国の名においてのみ投票することができる。

(4)

(a) 総会は、事務局長の招集により、二年ごとに一回、通常会合として会合するものとし、例外的な場合を除くほか、機関の一般総会と同一期間中に同一の場所において会合する。

(b) 総会は、総会の構成国の四分の一以上の要請があったときは、事務局長の招集により、臨時会合として会合する。

(c) 各会合の議題は、事務局長が作成する。

(5) 総会は、その手続規則を採択する。

第六条 国際事務局

(1) (a) 同盟の管理業務は、国際事務局が行う。

(b) 国際事務局は、特に、会合の準備を行い、並びに総会、専門家委員会及び総会又は専門家委員会が設置する専門家の他の委員会又は作業部会の事務局の職務を行う。

(c) 事務局長は、同盟の首席の職員とするものとし、同盟を代表する。

(2) 事務局長及びその指名する職員は、総会、専門家委員会及び総会又は専門家委員会が設置する専門家の他の委員会又は作業部会の全ての会合に投票権なしで参加する。事務局長又はその指名する一人の職員は、当然にこれらの会合における事務局の長としての職務を行う。

(3) (a) 国際事務局は、総会の指示に従い、この協定の規定（前条から第八条までの規定を除く。）の改正会議の準備を行う。

(b) 国際事務局は、改正会議の準備に関し政府間機関及び国際的な非政府機関と協議することができる。

(c) 事務局長及びその指名する者は、改正会議における審議に投票権なしで参加する。

(4) 国際事務局は、国際事務局に与えられる他の任務を遂行する。

第七条 財政

(1) (a) 同盟は、予算を有する。

(b) 同盟の予算は、同盟に固有の収入及び支出、諸同盟の共通経費の予算に対する同盟の分担金並びに場合により機関の締約国会議の予算のために提供される資金から成る。

(c) 諸同盟の共通経費とは、同盟にのみでなく機関が管理業務を行っている一又は二以上の同盟以外の諸同盟にも帰すべき経費をいう。共通経費についての同盟の分担の割合は、共通経費が同盟にもたらす利益に比例する。

(2) 同盟の予算は、機関が管理業務を行っている同盟以外の諸同盟の予算との調整の必要性を十分に考慮した上で決定する。

(3) 同盟の予算は、次のものを財源とする。

(i) 同盟国の分担金

(ii) 国際事務局が同盟に関連して提供する役務について支払われる料金

(iii) 同盟に関する国際事務局の刊行物の販売代金及び当該刊行物に係る権利の使用料

(iv) 贈与、遺贈及び補助金

(v) 賃貸料、利子その他の雑収入

(4)

(a) 各同盟国は、(3)(i)の分担金の自国の分担額を決定するため、工業所有権の保護に関するパリ同盟において属する等級と同じ等級に属するものとし、工業所有権の保護に関するパリ同盟の等級について定める単位数と同じ単位数に基づいて年次分担金を支払う。

(b) 各同盟国の年次分担金の額は、その額と全ての同盟国の同盟の予算に対する年次分担金の総額との比率が、各同盟国の属する等級の単位数と全ての同盟国の単位数の総数との比率に等しくなるような額とする。

(c) 分担金は、毎年一月一日に支払の義務が生ずる。

(d) 分担金の支払が延滞している同盟国は、その未払の額が当該年に先立つ二年の間に自国について支払の義務の生じた分担金の額以上のものとなったときは、同盟の内部機関において投票権を行使することができない。ただし、内部機関は、支払の延滞が例外的なかつ避けることのできない事情によるものであると認める限り、当該同盟国がその内部機関において引き続き投票権を行使することを許すことができる。

(e) 予算は、新会計年度の開始前に採択されなかった場合には、財政規則の定めるところにより、前年度の予算と同等の水準のものとする。

(5) 国際事務局が同盟に関連して提供する役務について支払われる料金の額は、事務局長が定めるものとし、事務局長は、これを総会に報告する。

(6) (a) 同盟は、各同盟国の一回限りの支払金から成る運転資金を有する。当該運転資金が十分でなくなった場合には、総会がその増額を決定する。

(b) 運転資金への各同盟国の当初の支払金の額又は運転資金の増額の部分への各同盟国の分担額の比率は、運転資金が設けられた年の各同盟国の分担金又は当該増額が決定された年の各同盟国の分担金の比率にそれぞれ比例するものとする。

(c) 支払の額及び条件は、事務局長の提案に基づき、かつ、機関の調整委員会の助言を受けた上で総会が決定する。

(7) (a) その領域内に機関の本部が所在する国との間で締結される本部協定には、運転資金が十分でない場合に当該国が立替えをすることを定める。立替えの額及び条件は、当該国と機関との間の別個の取極によってその都度定める。

(b) (a)に規定する国及び機関は、それぞれ、書面による通告により立替えの約束を廃棄する権利を有する。廃棄は、通告が行われた年の終わりから三年を経過した時に効力を生ずる。

(8) 会計検査は、財務規則の定めるところにより、一若しくは二以上の同盟国又は外部の会計検査専門家が行う。これらの同盟国又は会計検査専門家は、総会がこれらの同盟国又は会計検査専門家の同意を得て指定する。

第八条　第五条からこの条までの規定の修正

(1) 第五条からこの条までの規定の修正の提案は、同盟国又は事務局長が行うことができる。当該提案は、総会による審議の遅くとも六箇月前までに、事務局長が同盟国に送付する。

(2) (1)に規定する条の規定の修正は、総会が採択する。その採択は、投票数の四分の三以上の多数による議決を必要とする。ただし、第五条及びこの(2)の規定の修正は、投票数の五分の四以上の多数による議決を必要とする。

(3) (1)に規定する条の規定の修正は、当該修正が採択された時に同盟の構成国であった国の四分の三から、それぞれの憲法上の手続に従って行われた受諾についての書面による通告を事務局長が受領した後一箇月で効力を生ずる。このようにして受諾された(1)に規定する条の規定の修正は、その修正が効力を生ずる時に同盟の構成国である全ての国及びその後に同盟の構成国となる全ての国を拘束する。ただし、同盟国の財政上の義務を増大する修正は、その修正の受諾を通告した国のみを拘束する。

第九条　批准及び加入並びに効力発生

(1) 工業所有権の保護に関するパリ条約の締約国は、この協定に署名している場合にはこれを批准することができるものとし、署名していない場合にはこれに加入することができる。

(2) 批准書及び加入書は、事務局長に寄託する。

(3) (a) この協定は、批准書又は加入書を寄託した最初の五の国については、その五番目の批准書又は加入書の寄託の後三箇月で効力を生ずる。

(b) この協定は、(a)に規定する国以外の国については、その批准書又は加入書において一層遅い日が指定されていない限り、事務局長が当該国の批准又は加入を通報した日の後三箇月で効力を生ずる。それよりも遅い日が批准書又は加入書において指定されている場合には、この協定は、当該国について、そのように指定された日に効力を生ずる。

(4) 批准又は加入は、当然に、この協定の全ての条項の受諾及びこの協定に定める全ての利益の享受を伴う。

第一〇条　この協定の効力及び有効期間

この協定は、工業所有権の保護に関するパリ条約と同一の効力及び有効期間を有する。

第一一条　第一条から第四条まで及び第九条から第十五条までの規定の改正

(1) この協定の第一条から第四条まで及び第九条から第十五条までの規定は、望ましい改善を行うための改正に付することができる。

(2) 全ての改正は、同盟国の代表の間で開催される会議において検討する。

第一二条　廃棄

(1) いずれの国も、事務局長に宛てた通告によりこの協定を廃棄することができる。廃棄は、当該国についてのみその効力を生ずる。他の同盟国については、この協定は、引き続き効力を有する。

(2) 廃棄は、事務局長がその通告を受領した日の後一年で効力を生ずる。

(3) いずれの国も、同盟の構成国となった日から五年の期間が満了するまでは、この条に定める廃棄の権利を行使することができない。

第一三条　領域

工業所有権の保護に関するパリ条約第二十四条の規定は、この協定の適用について準用する。

第一四条　署名、用語及び通報

(1) (a) この協定は、ひとしく正文である英語及びフランス語による本書一通について署名するものとし、スイス政府に寄託する。

(b) この協定は、千九百六十九年六月三十日まで、ベルンにおいて署名のために開放しておく。

(2) 事務局長は、関係政府と協議の上、総会が指定する他の言語による公定訳文を作成する。

(3) 事務局長は、署名した国の政府に対し、及び要請があったときはその他の国の政府に対し、スイス政府が認証したこの協定の署名本書の謄本二通を送付する。

(4) 事務局長は、この協定を国際連合事務局に登録する。

(5) 事務局長は、全ての同盟国の政府に対し、この協定の効力発生の日、署名、批准書又は加入書の寄託、この協定の修正の受諾及び当該修正の効力発生の日並びに廃棄の通告について通報する。

第一五条　経過規定

最初の事務局長が就任するまでは、この協定において機関の国際事務局又は事務局長というときは、それぞれ、知的所有権保護合同国際事務局（ＢＩＲＰＩ）又はその事務局長をいうものとする。

意匠の国際登録に関するハーグ協定のジュネーブ改正協定

現時点（八月一二日）で公布されていないので、条文は外務省ホームページのものを記載した。

意匠の国際登録に関するハーグ協定のジュネーブ改正協定

目次

第一六条　国際登録に関する変更その他の事項の記録
第一七条　国際登録の最初の期間及び更新並びに保護の存続期間
第一八条　公表された国際登録に関する情報

第二章　管理規定

第一九条　二以上の国の共通の官庁
第二〇条　ハーグ同盟の構成国
第二一条　総会
第二二条　国際事務局
第二三条　財政
第二四条　規則

第三章　改正及び修正

第二五条　この改正協定の改正
第二六条　総会による特定の規定の修正

第四章　最終規定

第二七条　この改正協定の当事者となるための手続
第二八条　批准及び加入の効力発生の日
第二九条　留保の禁止
第三〇条　締約国が行う宣言
第三一条　千九百三十四年改正協定及び千九百六十年改正協定の適用
第三二条　この改正協定の廃棄

第三三条　この改正協定の言語及び署名

第三四条　寄託者

序

第一条　略称

この改正協定の適用上、

(i)「ハーグ協定」とは、意匠の国際寄託に関するハーグ協定（その名称を意匠の国際登録に関するハーグ協定と改める。）をいう。

(ii)「この改正協定」とは、今回の改正協定に定めるハーグ協定をいう。

(iii)「規則」とは、この改正協定に基づく規則をいう。

(iv)「所定の」とは、規則に定められていることをいう。

(v)「パリ条約」とは、千八百八十三年三月二十日にパリで署名され、その後改正され、及び修正された工業所有権の保護に関するパリ条約をいう。

(vi)「国際登録」とは、この改正協定に従って行われる意匠の国際登録をいう。

(vii)「国際出願」とは、国際登録のための出願をいう。

(viii)「国際登録簿」とは、この改正協定又は規則が記録することを要求し、又は認める国際登録に関する情報を公式に集積したものであって、国際事務局が保管するものをいい、当該情報が蓄積される媒体のいかんを問わない。

(ix)「者」とは、自然人又は法人をいう。

(x)「出願人」とは、自己の名において国際出願をする者をいう。

(xi)「名義人」とは、自己の名において国際登録が国際登録簿に記録されている者をいう。
(xii)「政府間機関」とは、第二十七条(1)(ii)の規定に基づきこの改正協定の締約国となる資格を有する政府間機関をいう。
(xiii)「締約国」とは、この改正協定を締結している国又は政府間機関をいう。
(xiv)「出願人の締約国」とは、出願人が一の締約国との関係において、第三条に規定する条件の少なくとも一の条件を満たすことにより国際出願をする資格の取得の根拠とする当該一の締約国をいい、また、出願人が第三条の規定に基づいて国際出願をする資格の取得の根拠とすることができる締約国が二以上存在する場合には、当該締約国のうち、国際出願において表示された一の締約国をいう。
(xv)「締約国の領域」とは、国である締約国についてはその領域、政府間機関についてはその政府間機関を設立する条約が適用される領域をいう。
(xvi)「官庁」とは、締約国の領域において効力を有する意匠の保護の付与について当該締約国によって責任を与えられた機関をいう。
(xvii)「審査官庁」とは、意匠の保護を求める出願について、当該意匠が少なくとも新規性の条件を満たしているかどうかを決定するために職権により審査する官庁をいう。

(xviii)「指定」とは、ある締約国において国際登録の効果が生ずるよう求める請求又は国際登録簿における当該請求の記録をいう。
(xix)「指定締約国」及び「指定官庁」とは、それぞれ指定が適用される締約国及びその官庁をいう。
(xx)「千九百三十四年改正協定」とは、ハーグ協定の改正協定であって、千九百三十四年六月二日にロンドンで署名されたものをいう。
(xxi)「千九百六十年改正協定」とは、ハーグ協定の改正協定であって、千九百六十年十一月二十八日にハーグで署名されたものをいう。

(xxii)「千九百六十一年追加協定」とは、千九百三十四年改正協定の追加協定であって、千九百六十一年十一月十八日にモナコで署名されたものをいう。

(xxiii)「千九百六十七年補足協定」とは、ハーグ協定の補足協定であって、千九百六十七年七月十四日にストックホルムで署名されたもの（その修正を含む。）をいう。

(xxiv)「同盟」とは、千九百二十五年十一月六日のハーグ協定によって設立され、並びに千九百三十四年改正協定、千九百六十年改正協定、千九百六十一年追加協定、千九百六十七年補足協定及びこの改正協定によって維持されるハーグ同盟をいう。

(xxv)「総会」とは、第二十一条(1)(a)に規定する総会又は当該総会に代わる組織をいう。

(xxvi)「機関」とは、世界知的所有権機関をいう。

(xxvii)「事務局長」とは、機関の事務局長をいう。

(xxviii)「国際事務局」とは、機関の国際事務局をいう。

(xxix)「批准書」には、受諾書及び承認書を含むものとする。

第二条　締約国の法令及び特定の国際条約によって与えられる他の保護の適用

(1)［締約国の法令及び特定の国際条約］

この改正協定は、締約国の法令によって与えられる一層厚い保護の適用に影響を及ぼすものではなく、また、著作権に関する国際条約及び協定によって美術の著作物及び応用美術の著作物に与えられる保護又は世界貿易機関を設立する協定に附属する知的所有権の貿易関連の側面に関する協定によって意匠に与えられる保護に何ら影響を及ぼすものではない。

(2)［パリ条約を遵守する義務］

締約国は、パリ条約の規定で意匠に関するものを遵守する。

第一章　国際出願及び国際登録

第三条　国際出願をする資格

締約国である国の国民若しくは締約国である政府間機関の構成国の国民である者又は締約国の領域に住所、常居所若しくは現実かつ真正の工業上若しくは商業上の営業所を有する者は、国際出願をする資格を有する。

第四条　国際出願をするための手続

(1)〔直接又は間接の出願〕

(a) 出願人は、その選択により、国際事務局に対し直接に、又は出願人の締約国の官庁を通じて国際出願をすることができる。

(b) (a)の規定にかかわらず、いずれの締約国も、宣言により、自国の官庁を通じて国際出願をすることができない旨を事務局長に通告することができる。

(2)〔間接の出願の場合の送付手数料〕

いずれの締約国の官庁も、自己を通ずる国際出願について送付手数料を支払うことを出願人に要求することができる。

第五条　国際出願の内容

(1)〔国際出願に必須の内容〕

国際出願については、一の所定の言語で作成し、及び次のものを含め、又は添付する。

(i) この改正協定に基づく国際登録の請求

(ii) 出願人に関する所定の事項

(iii) 国際出願の対象である意匠の一の複製物又は出願人の選択による二以上の異なる複製物の写し（所定の方法により提出されるもの）の所定の部数。ただし、意匠が平面的なものであり、かつ、(5)の規定に基づいて公表の延期の請求がなされている場合には、国際出願には、複製物を含めることに代えて、所定の部数の意匠の見本を添付することができる。

(iv) 意匠を構成する一若しくは二以上の製品又は意匠が使用されることとなる一若しくは二以上の製品の所定の表示

(v) 指定締約国の表示

(vi) 所定の手数料

(vii) その他の所定の事項

(2) [国際出願に追加される必須の内容]

(a) その官庁が審査官庁である締約国であって、自国の法令が意匠の保護の付与のための出願について自国の法令に基づいて出願日が認められるためには、当該出願が(b)に規定する要素のいずれかを含むことをこの改正協定の締約国となる時に要求するものは、宣言により、当該要素について事務局長に通告することができる。

(b) (a)の規定に基づいて通告することができる要素は、次のものとする。

(i) 出願の対象である意匠の創作者の特定に関する表示

(ii) 出願の対象である意匠の複製物又は特徴についての簡潔な説明

(iii) 請求の範囲

(c) 国際出願に(a)の規定に基づいて通告を行った締約国の指定を含む場合には、当該国際出願には、所定の方法により通告の対象である要素についても含める。

(3) [国際出願の他の内容]

国際出願には、規則に定める他の要素を含め、又は添付することができる。

(4) [同一の国際出願における二以上の意匠]

国際出願には、所定の条件に従い、二以上の意匠を含めることができる。

(5) [公表の延期についての請求]

国際出願には、公表の延期についての請求を含めることができる。

第六条　優先権

(1) ［優先権の主張］

(a) 国際出願には、パリ条約の締約国若しくは世界貿易機関の加盟国において又はこれらの国についてされた一又は二以上の先の出願に基づく優先権をパリ条約第四条の規定に基づいて主張する申立てを含めることができる。

(b) 規則は、(a)に規定する申立てを国際出願をした後に行うことができることを定めることができる。この場合には、規則は、当該申立てを行うことができる期限について定める。

(2) ［優先権の主張の基礎となる国際出願］

国際出願は、その出願日から、出願の結果のいかんを問わず、パリ条約第四条に規定する正規の出願と同等のものとする。

第七条　指定手数料

(1) ［所定の指定手数料］

所定の手数料は、(2)の規定が適用される場合を除くほか、各指定締約国についての指定手数料を含む。

(2) ［個別の指定手数料］

締約国であってその官庁が審査官庁であるもの及び政府間機関である締約国は、宣言により、これらの締約国が指定されている国際出願及び当該国際出願による国際登録の更新について、(1)に規定する所定の指定手数料を個別の指定手数料によって置き換えることを事務局長に通告することができる。当該個別の指定手数料の額は、当該宣言において表示するものとし、その後の宣言において変更することができる。それらの締約国は、最初の保護期間及び各更新期間について又は当該締約国が認める最長の保護期間について、当該個別の指定手数料の額を定めることができる。もっとも、当該個別の指定手数料は、当該締約国の官庁が同じ数の意匠に対して同じ期間の保護を付与するために出願人に支払わせることのできる額から国際手続の利用による節約分を減じた額に相当する額を上回ることができない。

(3)　［指定手数料の移転］
国際事務局は、締約国について支払われた(1)及び(2)に規定する指定手数料を当該締約国に移転する。

第八条　不備の補正

(1)　［国際出願の審査］
国際事務局は、国際出願の受理の時に当該国際出願がこの改正協定及び規則の要件を満たしていないと認める場合には、出願人に対し所定の期間内に必要な補正をするよう求める。

(2)　［補正されない不備］
(a)　国際出願は、出願人が所定の期間内に(1)に規定する求めに応じない場合には、(b)の規定が適用される場合を除くほか、放棄されたものとみなす。
(b)　第五条(2)の規定に関連する不備又は締約国が規則に従って事務局長に通告した特別の要件に関連する不備がある場合において、出願人が所定の期間内に(1)に規定する求めに応じないときは、国際出願は、それらの要素又は要件を要求した締約国の指定を含まないものとみなす。

第九条　国際出願の出願日

(1)　［直接の国際出願］
出願日は、国際出願が国際事務局に対して直接にされる場合には、(3)の規定が適用される場合を除くほか、国際事務局が当該国際出願を受理した日とする。

(2)　［間接の国際出願］
出願日は、国際出願が出願人の締約国の官庁を通じてされる場合には、所定の方法により決定する。

(3)　［特定の不備のある国際出願］
出願日は、国際事務局が国際出願を受理した日において、当該国際出願に出願日の延期を要する所定の不備がある場合には、国際事務局が当該不備の補正を受理した日とする。

第一〇条　国際登録、国際登録の日、公表及び国際登録の秘密の写し

(1)　[国際登録]

国際事務局は、国際出願を受理した後直ちに、又は第八条の規定に従って補正をするよう求めている場合には必要な補正を受理した後直ちに、国際出願の対象である意匠を登録する。その登録は、第十一条の規定に従って公表が延期されるか否かにかかわらず、するものとする。

(2)　[国際登録の日]

(a)　国際登録の日は、(b)の規定が適用される場合を除くほか、国際出願の出願日とする。

(b)　国際登録の日は、国際事務局が国際出願を受理した日において、当該国際出願に第五条(2)の規定に関連する不備がある場合には、国際事務局が当該不備の補正を受理した日又は国際出願の出願日のいずれか遅い日とする。

(3)　[公表]

(a)　国際登録は、国際事務局が公表する。その公表は、全ての締約国において十分なものとみなされるものとし、名義人が他の方法による公表を求められることはないものとする。

(b)　国際事務局は、公表された国際登録の写しを指定官庁に送付する。

(4)　[公表前の秘密の保持]

国際事務局は、(5)及び次条(4)(b)の規定が適用される場合を除くほか、公表するまで国際出願及び国際登録を秘密のものとして取り扱う。

(5)　[秘密の写し]

(a)　国際事務局は、登録の後直ちに送付される国際登録の写しを受け取ることを希望する旨を国際事務局に通報しており、かつ、国際出願において指定されている官庁に対し、当該国際出願に添付されている関連のある証明書、文書又は見本と共に

当該写しを登録の後直ちに送付する。

(b) 官庁は、国際事務局が国際登録を公表するまで、国際事務局によって送付された当該国際登録の写しを秘密のものとして取り扱うものとし、また、当該国際登録の審査及び当該官庁が権限を有する締約国において又は当該締約国についてされた意匠の保護を求める出願の審査の目的のためにのみ、当該写しを使用することができる。特に、当該官庁は、当該国際登録の名義人以外の当該官庁の外部のいかなる者に対しても、当該国際登録の内容を漏らすことができない。当該行政的又は法的手続の場合には、当該国際登録の内容は、当該行政的又は法的手続に関係する当事者であって秘密の保持を尊重する義務を負うものに対し、秘密のものとしてのみ開示することができる。

第一一条　公表の延期

(1) [公表の延期に関する締約国の法令]

(a) 締約国は、自国の法令が意匠の公表の延期について所定の期間よりも短い期間を規定している場合には、宣言により、認められる延期の期間を事務局長に通告する。

(b) 締約国は、自国の法令が意匠の公表の延期について規定していない場合には、宣言によりその事実を事務局長に通告する。

(2) [公表の延期]

国際出願が公表の延期の請求を含む場合には、当該公表は、次の時に行う。

(i) 国際出願において指定されたいずれの締約国も(1)の規定に基づく宣言を行っていない場合には、所定の期間の満了の時

(ii) 国際出願において指定された締約国のいずれかが(1)(a)の規定に基づく宣言を行っている場合には、当該宣言において通告された期間の満了の時又は、当該宣言を行った指定された締約国が二以上あるときは、当該締約国の宣言において通告された最も短い期間の満了の時

(3) [適用される法令により延期することができない場合の延期の請求の取扱い]

公表の延期が請求され、かつ、国際出願において指定された締約国のいずれかが自国の法令により公表を延期することができないことについて(1)(b)の規定に基づいて宣言を行っている場合には、

(i) 国際事務局は、(ii)の規定が適用される場合を除くほか、その旨を出願人に通知する。当該出願人が所定の期間内に国際事務局に対する書面による届出により当該宣言を行った締約国の指定を取り下げない場合には、国際事務局は、当該公表の延期の請求を考慮しない。

(ii) 国際事務局は、国際出願に意匠の複製物を含めることに代えて意匠の見本が添付された場合には、当該宣言を行っている締約国の指定を考慮しないものとし、その旨を出願人に通知する。

(4) [早期の公表又は国際登録への特別なアクセスの請求]

(a) 名義人は、(2)の規定により適用される延期の期間中いつでも、国際登録の対象である意匠の一部又は全部の公表を請求することができる。この場合には、延期の期間は、国際事務局がその請求を受理した日に満了したものとみなす。

(b) 名義人は、(2)の規定により適用される延期の期間中いつでも、国際事務局に対し、国際登録の対象である意匠の一部若しくは全部についての抄本を自己が定める第三者に提供するよう、又は当該第三者に対して当該意匠の一部若しくは全部へのアクセスを認めるよう請求することができる。

(5) [放棄及び限定]

(a) 名義人が(2)の規定により適用される延期の期間中のいずれかの時において全ての指定締約国について国際登録を放棄する場合には、当該国際登録の対象である一又は二以上の意匠については、公表しない。

(b) 名義人が(2)の規定により適用される延期の期間中のいずれかの時において全ての指定締約国について国際登録をその対象である意匠の一部に限定する場合には、その他の意匠については、公表しない。

(6) [公表及び複製物の提出]

(a) 国際事務局は、所定の手数料の支払を条件として、この条の規定により適用される延期の期間の満了の時に国際登録を公

表する。当該手数料が所定の方法により支払われない場合には、国際登録は、取り消され、及び公表されない。

(b) 名義人は、第五条(1)(iii)の規定に従って国際出願に意匠の一又は二以上の見本が添付された場合には、所定の期間内に、国際事務局に対し、当該国際出願の対象である意匠の複製物の所定の部数の写しを提出する。名義人が所定の期間内に当該写しを提出しない限り、国際登録は、取り消され、及び公表されない。

第一二条　拒絶

(1) [拒絶する権利]

指定締約国の官庁は、国際登録の対象である意匠の一部又は全部が当該指定締約国の法令に基づく保護の付与のための条件を満たしていない場合には、当該指定締約国の領域における国際登録の一部又は全部の効果を拒絶することができる。ただし、いずれの官庁も、国際出願の形式若しくは記載事項に関する要件であって、この改正協定若しくは規則に定めるもの又は当該要件に追加的な若しくは当該要件と異なる要件が当該指定締約国の法令の規定を満たしていないことを理由に国際登録の一部又は全部の効果を拒絶することができない。

(2) [拒絶の通報]

(a) 国際登録の効果を拒絶する官庁は、所定の期間内に国際事務局に対しその拒絶を通報する。

(b) 拒絶の通報には、当該拒絶の根拠となる全ての理由を記載する。

(3) [拒絶の通報の送付及び救済手段]

(a) 国際事務局は、名義人に拒絶の通報の写しを遅滞なく送付する。

(b) 名義人は、国際登録の対象である意匠について、拒絶を通報した官庁に適用される法令に基づいて保護の付与のための出願をしたとしたならば与えられたであろう救済手段を与えられる。そのような救済手段は、少なくとも当該拒絶の再審査若しくは見直し又は当該拒絶に対する不服の申立ての可能性から成る。

(4) [拒絶の取下げ]

拒絶は、その一部又は全部について、当該拒絶を通報した官庁がいつでも取り下げることができる。

第一三条　意匠の単一性に関する特別の要件

(1)［特別の要件の通告］
締約国は、自国の法令が、同じ出願の対象である二以上の意匠が意匠の単一性、製品の単一性若しくは使用の単一性の要件に合致すること若しくは同一の組若しくは構成の品目に属すること又は一の独立かつ別個の意匠のみを単一の出願において請求することができることをこの改正協定の締約国となる時に要求する場合には、宣言により、その旨を事務局長に通告することができる。もっとも、当該宣言は、国際出願が当該宣言を行った締約国を指定する場合であっても、第五条(4)の規定に基づいて国際出願において二以上の意匠を含める出願人の権利に影響を及ぼすものではない。

(2)［宣言の効果］
(1)に規定する宣言を行った締約国の官庁は、自国が通告した要件に適合するまでの間、前条(1)の規定に基づいて国際登録の効果を拒絶することができる。

(3)［登録の分割について支払うべき追加の手数料］
(2)に規定する拒絶の通報の後に、当該通報に記載された拒絶の理由となった問題を克服するために関係する官庁において国際登録が分割される場合には、当該官庁は、当該拒絶の理由となった問題を回避するために必要とされる追加の国際出願について手数料を課することができる。

第一四条　国際登録の効果

(1)［適用される法令に基づく出願の効果］
国際登録は、国際登録の日から、指定締約国において、当該指定締約国の法令に基づく意匠の保護の付与のための正規の出願と少なくとも同一の効果を有する。

(2)［適用される法令に基づく保護の付与の効果］

(a) 国際登録は、第十二条の規定に従いその官庁が拒絶を通報していない指定締約国において、遅くとも拒絶を通報するために当該指定締約国に認められている期間の満了の日から、又は当該指定締約国が規則に基づいて宣言を行った場合には遅くとも当該宣言において特定された時から、当該指定締約国の法令に基づく意匠の保護の付与と同一の効果を有する。

(b) 国際登録は、指定締約国の官庁が拒絶を通報し、その後当該拒絶の一部又は全部について取り下げた場合には、当該指定締約国において、当該拒絶が取り下げられた範囲については、遅くとも当該拒絶が取り下げられた日から、当該指定締約国の法令に基づく意匠の保護の付与と同一の効果を有する。

(c) この(2)の規定により国際登録に与えられる効果は、登録の対象である一又は二以上の意匠であって、指定官庁が国際事務局から受理し、又は該当する場合には当該指定官庁における手続によって修正されたものについて適用する。

(3) [出願人の締約国の指定の効果に関する宣言]

(a) その官庁が審査官庁である締約国は、宣言により、事務局長に対し、自国が出願人の締約国である場合には、国際登録における自国の指定が効果を有しない旨を通告することができる。

(b) 国際事務局は、(a)に規定する宣言を行った締約国が出願人の締約国及び指定締約国の双方として国際出願に表示されている場合には、当該指定締約国の指定を考慮しない。

第一五条　無効

(1) [防御の機会の要件]
指定締約国の領域における国際登録の効果の一部又は全部に関する当該指定締約国の権限のある当局による無効の決定は、当該国際登録の名義人に自己の権利を防御する機会を適時に与えることなく行うことができない。

(2) [無効の通報]
その領域において国際登録の効果が無効となった締約国の官庁は、その無効について知った場合には、その旨を国際事務局に通報する。

第一六条　国際登録に関する変更その他の事項の記録

(1)　［変更その他の事項の記録］

国際事務局は、国際登録簿に所定の方法により次の事項を記録する。

(i)　指定締約国の一部又は全部及び国際登録の対象である意匠の一部又は全部についての国際登録の所有権の変更。ただし、新権利者が第三条の規定に基づいて国際出願をする資格を有する場合に限る。

(ii)　名義人の氏名若しくは名称又は住所の変更

(iii)　出願人又は名義人の代理人の選任及び当該代理人に関する他の関連事項

(iv)　国際登録に関し、指定締約国の一部又は全部について行われた名義人による放棄

(v)　国際登録に関し、指定締約国の一部又は全部について、国際登録の対象である一又は二以上の意匠に対して付された名義人による限定

(vi)　国際登録に関し、国際登録の対象である意匠の一部又は全部についての指定締約国の権限のある当局による当該指定締約国の領域における効果の無効

(vii)　国際登録の対象である意匠の一部又は全部についての権利に関する他の関連事項であって規則に定めるもの

(2)　［国際登録簿における記録の効果］

(1)(i)、(ii)及び(iv)から(vii)までに規定する記録は、関係する締約国の官庁の登録簿に記録されたとしたならば有したであろう効果と同一の効果を有する。ただし、締約国が宣言により事務局長に対し、(1)(i)に規定する記録について、自国の官庁が当該宣言において特定する証明書又は文書を受領するまで自国において効果を有しない旨を通告する場合は、この限りでない。

(3)　［手数料］

(1)に規定する記録については、手数料の支払を条件とすることができる。

(4)　［公表］

国際事務局は、(1)に規定する記録に関する記載事項を公表する。国際事務局は、公表された当該記載事項の写しを関係する締約国の官庁に送付する。

第一七条　国際登録の最初の期間及び更新並びに保護の存続期間

(1)［国際登録の最初の期間］
国際登録は、国際登録の日から起算して五年を最初の期間として効果を有する。

(2)［国際登録の更新］
国際登録は、所定の手続に従い、所定の手数料を支払うことを条件として、更に五年の期間更新することができる。

(3)［指定締約国における保護の存続期間］
(a)　指定締約国における保護の存続期間は、国際登録が更新されることを条件として、(b)の規定が適用される場合を除くほか、国際登録の日から起算して十五年とする。

(b)　指定締約国の法令に基づいて保護が付与されている意匠について十五年を超える保護の存続期間を当該指定締約国の法令に定めている場合には、保護の存続期間は、国際登録が更新されることを条件として、当該指定締約国の法令に定める期間と同一とする。

(c)　締約国は、宣言により、自国の法令に定める最長の保護の存続期間を事務局長に通告する。

(4)［部分的な更新の可能性］
国際登録の更新は、指定締約国の一部又は全部及び国際登録の対象である意匠の一部又は全部についてすることができる。

(5)［更新の記録及び公表］
国際事務局は、国際登録簿に更新を記録し、その記録に関する記載事項を公表する。国際事務局は、公表された当該記載事項の写しを関係する締約国の官庁に送付する。

第一八条　公表された国際登録に関する情報

(1) [情報へのアクセス]

国際事務局は、公表された国際登録に関し、所定の手数料を支払った上で国際登録簿の抄本又は国際登録簿の内容に関する情報を請求するいかなる者に対してもこれらの抄本又は情報を提供する。

(2) [認証の免除]

国際事務局が提供する国際登録簿の抄本は、締約国における認証のいかなる要件も免除される。

第二章 管理規定

第一九条 二以上の国の共通の官庁

(1) [共通の官庁の通告]

この改正協定の締約国となる意思を有する二以上の国が意匠に関する国内法令を統一した場合又はこの改正協定の締約国である二以上の国が意匠に関する国内法令を統一することに合意した場合には、これらの国は、事務局長に次のことを通告することができる。

(i) 一の共通の官庁がこれらの国のそれぞれの官庁を代行すること。

(ii) この改正協定の第一条、第三条から前条まで及び第三十一条の規定の適用上、統一された法令が適用されるこれらの国の領域全体が単一の締約国とみなされること。

(2) [通告が行われる時]

(1)に規定する通告は、次の時に行う。

(i) この改正協定の締約国となる意思を有する国については、第二十七条(2)に規定する文書を寄託した時

(ii) この改正協定の締約国については、国内法令が統一された後のいずれかの時

(3) [通告の効力発生の日]

(1)及び(2)に規定する通告は、次の時に効力を生ずる。

(i) この改正協定の締約国となる意思を有する国については、当該国がこの改正協定に拘束される時

(ii) この改正協定の締約国については、事務局長が当該通告につき他の締約国に通報した日の後三箇月を経過した時又は当該通告に示されたそれ以降の日

第二〇条 ハーグ同盟の構成国

締約国は、千九百三十四年改正協定又は千九百六十年改正協定の当事国と共に同一の同盟の構成国となるものとする。

第二一条 総会

(1) [構成]

(a) 締約国は、千九百六十七年補足協定第二条の規定に拘束される国と共に同一の総会の構成国となるものとする。

(b) 総会の各構成国は、総会において一人の代表により代表されるものとし、代表は、代表代理、顧問及び専門家の補佐を受けることができる。また、各代表は、一の締約国のみを代表することができる。

(c) 総会の構成国でない同盟の構成国は、総会の会合にオブザーバーとして出席することを認められる。

(2) [任務]

(a) 総会は、次のことを行う。

(i) 同盟の維持及び発展並びにこの改正協定の実施に関する全ての事項を取り扱うこと。

(ii) この改正協定又は千九百六十七年補足協定に基づき特に与えられた権利を行使し、及び任務を遂行すること。

(iii) 事務局長に対し改正会議の準備に関する指示を与え、及び当該改正会議の招集を決定すること。

(iv) 規則を修正すること。

(v) 同盟に関する事務局長の報告及び活動を検討し、及び承認すること並びに事務局長に対し同盟の権限内の事項について全ての必要な指示を与えること。

(vi) 同盟の事業計画を決定し、及び二年予算を採択すること並びに同盟の決算を承認すること。

(vii) 同盟の財政規則を採択すること。

(viii) 同盟の目的を達成するために適当と認める委員会及び作業部会を設置すること。

(xi) (1)(c)の規定が適用される場合を除くほか、国、政府間機関及び非政府機関であって、総会の会合にオブザーバーとして出席することを認められるものを決定すること。

(x) 同盟の目的を達成するために他の適当な措置をとり、及びこの改正協定に基づく適当な他の任務を遂行すること。

(b) 総会は、同盟以外の諸同盟であって、機関が管理業務を行っているものにも利害関係のある事項については、機関の調整委員会の助言を受けた上で決定を行う。

(3) [定足数]

(a) 各事項に係る総会においての投票については、当該各事項について投票権を有する国である総会の構成国の二分の一をもって定足数とする。

(b) 総会は、(a)の規定にかかわらず、いずれの会合においても、各事項について投票権を有し、かつ、代表を出した国である総会の構成国の数が当該各事項について投票権を有する国である総会の構成国の二分の一に満たないが三分の一以上である場合には、決定を行うことができる。ただし、その決定は、総会の手続に関する決定を除くほか、次の条件が満たされた場合にのみ効力を生ずる。すなわち、国際事務局は、当該事項について投票権を有するが代表を出さなかった国である総会の構成国に対し、その決定を通報し、その通報の日から三箇月の期間内に賛否又は棄権を書面によって表明するよう要請する。当該期間の満了の時に、賛否又は棄権を表明した国である総会の構成国の数が会合の定足数の不足を満たすこととなり、かつ、必要とされる多数の賛成がなお存在する場合には、当該決定は、効力を生ずる。

(4) [総会における決定]

(a) 総会は、コンセンサス方式によって決定するよう努める。

(b) コンセンサス方式によって決定することができない場合には、問題となっている事項は、投票によって決定する。この場合には、次のとおり投票する。

(i) 国である締約国は、それぞれ一の票を有し、自国の名においてのみ投票する。

(ii) 政府間機関である締約国は、当該政府間機関の構成国であってこの改正協定の締約国であるものの総数に等しい数の票により、当該構成国に代わって投票することができる。当該政府間機関は、当該構成国のいずれかが自国の投票権を行使する場合には、投票に参加してはならない。また、当該政府間機関が自らの投票権を行使する場合には、当該構成国のいずれも投票に参加してはならない。

(c) 千九百六十七年補足協定第二条の規定に拘束される国のみに関する事項については、同条の規定に拘束されない締約国は投票権を有しないものとし、また、締約国のみに関する事項については、締約国のみが投票権を有する。

(5) [多数による議決]

(a) 総会の決定は、第二十四条(2)及び第二十六条(2)の規定が適用される場合を除くほか、投票数の三分の二以上の多数による議決で行う。

(b) 棄権は、投票とみなさない。

(6) [会合]

(a) 総会は、事務局長の招集により、二年ごとに一回、通常会合として会合するものとし、例外的な場合を除くほか、機関の一般総会と同一期間中に同一の場所において会合する。

(b) 総会は、総会の構成国の四分の一以上の要請又は事務局長の発意に基づき、事務局長の招集により、臨時会合として会合する。

(c) 各会合の議題は、事務局長が作成する。

(7) [手続規則]

総会は、その手続規則を採択する。

第二二条　国際事務局

(1)　〔管理業務〕

(a)　国際登録及び関連の任務並びに同盟に関連する全ての管理業務は、国際事務局が行う。

(b)　国際事務局は、特に、会合の準備を行い、並びに総会並びに総会が設置する専門家委員会及び作業部会の事務局の職務を行う。

(2)　〔事務局長〕

事務局長は、同盟の首席の職員とするものとし、同盟を代表する。

(3)　〔総会以外の会合〕

事務局長は、総会の設置する委員会及び作業部会並びに同盟に関する問題を取り扱う他の全ての会合を招集する。

(4)　〔総会及び他の会合における国際事務局の役割〕

(a)　事務局長及び事務局長の指名する者は、総会並びに総会が設置する委員会及び作業部会の全ての会合並びに同盟の後援の下に事務局長によって招集される他の会合に投票権なしで参加する。

(b)　事務局長又は事務局長の指名する一人の職員は、当然に、総会並びに(a)に規定する委員会、作業部会及び他の会合における事務局の長としての職務を行う。

(5)　〔会議〕

(a)　国際事務局は、総会の指示に従って改正会議の準備を行う。

(b)　国際事務局は、(a)に規定する準備に関し政府間機関並びに国際的な及び国内の非政府機関と協議することができる。

(c)　事務局長及び事務局長の指名する者は、改正会議における審議に投票権なしで参加する。

(6)　〔他の任務〕

国際事務局は、この改正協定に関連して国際事務局に与えられる他の任務を遂行する。

第二三条　財政

(1)　[予算]

(a)　同盟は、予算を有する。

(b)　同盟の予算は、同盟に固有の収入及び支出並びに機関が管理業務を行っている諸同盟の共通経費の予算に対する同盟の分担金から成る。

(c)　諸同盟の共通経費とは、同盟にのみでなく機関が管理業務を行っている一又は二以上の同盟以外の諸同盟にも帰すべき経費をいう。共通経費についての同盟の分担の割合は、共通経費が同盟にもたらす利益に比例する。

(2)　[同盟以外の諸同盟の予算との調整]

同盟の予算は、同盟以外の諸同盟であって、機関が管理業務を行っているものの予算との調整の必要性を十分に考慮した上で決定する。

(3)　[予算の財源]

同盟の予算は、次のものを財源とする。

(i)　国際登録に係る手数料

(ii)　国際事務局が同盟に関連して提供する他の役務について支払われる料金

(iii)　同盟に関する国際事務局の刊行物の販売代金及び当該刊行物に係る権利の使用料

(iv)　贈与、遺贈及び補助金

(v)　賃貸料、利子その他の雑収入

(4)　[手数料及び料金の決定並びに予算の水準]

(a)　(3)(i)に規定する手数料の額は、事務局長の提案に基づいて総会が決定する。(3)(ii)に規定する料金については、事務局長が定めるものとし、次の会合において総会の承認を得ることを条件として、暫定的に適用する。

(b) (3)(i)に規定する手数料の額は、手数料及び他の財源による同盟の歳入が少なくとも同盟に関する国際事務局の全ての経費を賄うことができるように決定する。

(c) 予算は、新会計年度の開始前に採択されなかった場合には、財政規則の定めるところにより、前年度の予算と同等の水準のものとする。

(5) [運転資金]

同盟は、超過した収入又は当該収入が十分でない場合には、当該収入及び同盟の各構成国の一回限りの支払金から成る運転資金を有する。当該運転資金が十分でなくなった場合には、総会がその増額を決定する。支払の比率及び条件は、事務局長の提案に基づいて総会が決定する。

(6) [接受国による立替え]

(a) その領域内に機関の本部が所在する国との間で締結される本部協定には、運転資金が十分でない場合に当該国が立替えをすることを定める。立替えの額及び条件は、当該国と機関との間の別個の取極によってその都度定める。

(b) (a)に規定する国及び機関は、それぞれ、書面による通告により立替えの約束を廃棄する権利を有する。廃棄は、通告が行われた年の終わりから三年を経過した時に効力を生ずる。

(7) [会計検査]

会計検査は、財政規則の定めるところにより、同盟の一若しくは二以上の構成国又は外部の会計検査専門家が行う。これらの構成国又は会計検査専門家は、総会がこれらの構成国又は会計検査専門家の同意を得て指名する。

第二四条　規則

(1) [対象事項]

規則は、この改正協定の実施に関する細目について規律する。規則は、特に次の事項に関する規定を含む。

(i) この改正協定において所定の事項であることが明示的に定められている事項
(ii) この改正協定の規定に関する更なる細目又はこの改正協定の規定を実施するために有用な細目
(iii) 事務的な要件、事項又は手続

(2) 〔規則の特定の規定の修正〕

(a) 規則は、その特定の規定について全会一致によってのみ又は五分の四以上の多数による議決によつてのみ修正することができることを規定することができる。

(b) 規則の修正について、全会一致又は五分の四以上の多数による議決の要件を将来においてもはや適用しないものとするためには、全会一致によることを必要とする。

(c) 規則の修正について、全会一致又は五分の四以上の多数による議決の要件を将来において適用するためには、五分の四以上の多数による議決を必要とする。

(3) 〔この改正協定と規則との抵触〕

この改正協定の規定と規則の規定とが抵触する場合には、この改正協定の規定が優先する。

第三章　改正及び修正

第二五条　この改正協定の改正

(1) 〔改正会議〕

この改正協定は、締約国の会議によって改正することができる。

(2) 〔特定の規定の改正又は修正〕

第二十一条から第二十三条まで及び次条の規定は、改正会議により又は次条の規定に従って総会により修正することができる。

第二六条　総会による特定の規定の修正

(1)　〔修正の提案〕

(a)　第二十一条から第二十三条まで及びこの条の規定の総会による修正の提案は、締約国又は事務局長が行うことができる。

(b)　(a)に規定する提案は、総会による審議の遅くとも六箇月前までに、事務局長が締約国に送付する。

(2)　〔多数による議決〕

(1)に規定する条の規定の修正の採択は、四分の三以上の多数による議決を必要とする。ただし、第二十一条又はこの(2)の規定の修正の採択は、五分の四以上の多数による議決を必要とする。

(3)　〔効力発生〕

(a)　(1)に規定する条の規定の修正は、(b)の規定が適用される場合を除くほか、当該修正が採択された時に総会の構成国であって当該修正についての投票権を有していた締約国の四分の三から、それぞれの憲法上の手続に従って行われた受諾についての書面による通告を事務局長が受領した後一箇月で効力を生ずる。

(b)　第二十一条(3)若しくは(4)又はこの(b)の規定の修正は、総会による採択の後六箇月以内にいずれかの締約国が当該修正を受諾しない旨を事務局長に通告した場合には、効力を生じない。

(c)　この(3)の規定に従って効力を生ずる修正は、当該修正が効力を生ずる時に締約国であり、又はその後に締約国となる全ての国及び政府間機関を拘束する。

第四章　最終規定

第二七条　この改正協定の当事者となるための手続

(1)　〔資格〕

(2)及び(3)並びに次条の規定に従うことを条件として、次のものは、この改正協定に署名すること及びこの改正協定の当事者となることができる。

(i) 機関の加盟国

(ii) 政府間機関であって、その設立条約が適用される領域において効果を有する意匠の保護を付与することができる官庁を維持するもの。ただし、当該政府間機関の構成国のうち少なくとも一の国が機関の加盟国であり、及び当該加盟国の官庁が第十九条の規定に基づく通告の対象でない場合に限る。

(2) ［批准又は加入］

(1)に規定する機関の加盟国又は政府間機関は、次のものを寄託することができる。

(i) この改正協定に署名している場合には、批准書

(ii) この改正協定に署名していない場合には、加入書

(3) ［寄託が有効となる日］

(a) (b)から(d)までの規定が適用される場合を除くほか、批准書又は加入書（この(3)において「文書」と総称する。）の寄託が有効となる日は、文書が寄託された日とする。

(b) 政府間機関の構成国であって、当該政府間機関が維持する官庁を通じてのみ意匠の保護を付与することができるものの文書の寄託が有効となる日は、当該政府間機関の文書が寄託された日が当該国の文書が寄託された日よりも遅い日である場合には、当該政府間機関の文書が寄託された日とする。

(c) 第十九条に規定する通告を含み、又は伴う文書の寄託が有効となる日は、当該通告を行った国の集団に属する国の最後の文書が寄託された日とする。

(d) いずれの国も、この改正協定の締約国となる資格を有する他の一の国若しくは一の政府間機関、他の二の国又は他の一の国及び一の政府間機関の文書も寄託されることを自国が文書を寄託したとみなされる条件とする旨の宣言を文書に含め、又は伴わせることができる。この場合において、これらの他の国又は政府間機関については、その名称を明示する。当該宣言

を含み、又は伴う文書は、当該宣言に明示する条件が満たされた日に寄託されたものとみなされる。ただし、当該文書は、当該宣言に明示する文書がそれ自体同種の宣言を含み、又は伴う場合には、当該同種の宣言に明示する条件が満たされた日に寄託されたものとみなされる。

(e) (d)の規定に基づいて行われた宣言は、いつでも、その全部又は一部を撤回することができる。その撤回は、事務局長が当該撤回の通告を受領した日に効力を生ずる。

第二八条　批准及び加入の効力発生の日

(1) [考慮されるべき文書] この条の規定の適用上、前条(1)に規定する機関の加盟国又は政府間機関によって寄託され、かつ、同条(3)の規定に従ってその寄託が有効となった批准書又は加入書のみが考慮される。

(2) [この改正協定の効力発生] この改正協定は、六の国が批准書又は加入書を寄託した後三箇月で効力を生ずる。ただし、国際事務局によって収集された最新の年次統計において、当該六の国のうち少なくとも三の国のそれぞれが少なくとも次のいずれかの条件を満たしていなければならない。

(i) 意匠の保護を求める出願が当該国において及び当該国について三千以上行われていること。

(ii) 意匠の保護を求める出願が当該国において及び当該国について、当該国以外の国の居住者により千以上行われていること。

(3) [批准及び加入の効力発生]

(a) この改正協定の効力発生の日の三箇月前までに批准書又は加入書を寄託した国又は政府間機関は、この改正協定の効力発生の日にこの改正協定に拘束される。

(b) その他の国又は政府間機関は、批准書若しくは加入書を寄託した日の後三箇月で、又はこれらの文書に明示されたそれ以降の日に、この改正協定に拘束される。

第二九条　留保の禁止

この改正協定に対するいかなる留保も、認められない。

第三〇条　締約国が行う宣言

(1)　[宣言が行われる時]

第四条(1)(b)、第五条(2)(a)、第七条(2)、第十一条(1)、第十三条(1)、第十四条(3)、第十六条(2)又は第十七条(3)(c)の規定に基づく宣言は、次の時に行うことができる。

(i)　第二十七条(2)に規定する文書の寄託の時。この場合には、当該宣言は、当該宣言を行った国又は政府間機関がこの改正協定に拘束される日に効力を生ずる。

(ii)　第二十七条(2)に規定する文書の寄託の後。この場合には、当該宣言は、事務局長が当該文書を受領した日の後三箇月で、又は当該宣言において明示されたそれ以降の日に、効力を生ずる。もっとも、その効力が生ずる日以降の日を国際登録の日とする国際登録についてのみ適用する。

(2)　[共通の官庁を有する国による宣言]

(1)の規定にかかわらず、(1)に規定する宣言であって、第十九条(1)の規定に基づき一又は二以上の他の国と共に、共通の官庁が国内の官庁を代行することを事務局長に通告した国によって行われたものは、当該他の国が相応の宣言を行った場合にのみ効力を生ずる。

(3)　[宣言の撤回]

(1)に規定する宣言は、事務局長に宛てた通告によりいつでも撤回することができる。その撤回は、事務局長が当該通告を受領した日の後三箇月で、又は当該通告において明示された日以降の日に、効力を生ずる。第七条(2)の規定に基づいて行われる宣言の場合には、当該撤回は、その効力が生ずる前に提出された国際出願に影響を及ぼすものではない。

第三一条　千九百三十四年改正協定及び千九百六十年改正協定の適用

(1) ［この改正協定及び千九百三十四年改正協定の双方を締結した国の間又はこの改正協定及び千九百六十年改正協定の双方を締結した国の間の関係］

この改正協定及び千九百三十四年改正協定の双方を締結した国の間又はこの改正協定及び千九百六十年改正協定の双方を締結した国の間の相互の関係においては、この改正協定のみを適用する。ただし、それらの国は、この改正協定がその相互の関係において適用される日前に国際事務局に寄託された意匠については、千九百三十四年改正協定又は千九百六十年改正協定を適用する。

(2) ［この改正協定及び千九百三十四年改正協定の双方を締結した国又はこの改正協定及び千九百六十年改正協定の双方を締結した国と千九百三十四年改正協定又は千九百六十年改正協定を締結した国であって、この改正協定を締結していないものとの間の関係］

(a) この改正協定及び千九百三十四年改正協定の双方を締結した国は、千九百三十四年改正協定を締結した国であって、千九百六十年改正協定又はこの改正協定を締結していないものとの関係において、千九百三十四年改正協定を引き続き適用する。

(b) この改正協定及び千九百六十年改正協定の双方を締結した国は、千九百六十年改正協定を締結した国であって、この改正協定を締結していないものとの関係において、千九百六十年改正協定を引き続き適用する。

第三二条　この改正協定の廃棄

(1) ［通告］

いずれの締約国も、事務局長に宛てた通告によりこの改正協定を廃棄することができる。

(2) ［効力発生の日］

廃棄は、事務局長がその通告を受領した日の後一年で、又は当該通告において明示されたそれ以降の日に、効力を生ずる。

廃棄は、これを行った締約国に関し、当該廃棄が効力を生ずる時に係属中の国際出願及び効果を有する国際登録についてのこの改正協定の適用に影響を及ぼさない。

第三三条　この改正協定の言語及び署名

(1)［原本及び公定訳文］

(a)　この改正協定については、ひとしく正文である英語、アラビア語、中国語、フランス語、ロシア語及びスペイン語による原本一通について署名する。

(b)　事務局長は、関係政府と協議の上、総会が指定するその他の言語による公定訳文を作成する。

(2)［署名のための期間］

この改正協定は、その採択の後一年間、機関の本部において署名のために開放しておく。

第三四条　寄託者

この改正協定の寄託者は、事務局長とする。

視聴覚的実演に関する北京条約

現時点（八月一二日）で公布されていないので、条文は外務省ホームページのものを記載した。

視聴覚的実演に関する北京条約

目次

前文

締約国は、

視聴覚的実演に関する実演家の権利の保護をできる限り効果的かつ統一的に発展させ、及び維持することを希望し、

世界知的所有権機関を設立する条約の一般総会により二千七年に採択され、開発に関する考慮が同機関の活動の不可分の一部

を成すことを確保することを目的とする開発のためのアジェンダの勧告の重要性を想起し、

経済的、社会的、文化的及び技術的発展によって生ずる問題について適当な解決策を与えるため、新たな国際的な規則を導入する必要があることを認め、

情報及び通信に関する技術の発展及び融合が視聴覚的実演の生産及び利用に重大な影響を与えることを認め、

視聴覚的実演に関する実演家の権利と特に教育、研究及び情報の入手のような広範な公共の利益との間の均衡を保つ必要があることを認め、

千九百九十六年十二月二十日にジュネーブで作成された実演及びレコードに関する世界知的所有権機関条約が視聴覚的固定物に固定された実演に関して実演家に保護を及ぼしていないことを認め、

千九百九十六年十二月二十日のある種の著作権及び著作隣接権の問題に関する外交会議において採択された視聴覚的実演に関する決議に言及して、

次のとおり協定した。

第一条　他の条約との関係

(1)　この条約のいかなる規定も、実演及びレコードに関する世界知的所有権機関条約又は千九百六十一年十月二十六日にローマで作成された実演家、レコード製作者及び放送機関の保護に関する国際条約に基づく既存の義務であって締約国が相互に負うものを免れさせるものではない。

(2)　この条約に基づいて与えられる保護は、文学的及び美術的著作物の著作権の保護に変更を加えるものではなく、また、いかなる影響も及ぼすものではない。したがって、この条約のいずれの規定も、これらの著作権の保護を害するものと解することはできない。

(3)　この条約は、実演及びレコードに関する世界知的所有権機関条約以外の条約といかなる関係も有するものではなく、また、

この条約以外の条約に基づくいかなる権利及び義務にも影響を及ぼすものではない。

第二条　定義

この条約の適用上、

(a) 「実演家」とは、俳優、歌手、演奏家、舞踊家その他文学的若しくは美術的著作物又は民間伝承の表現を上演し、歌唱し、口演し、朗詠し、演奏し、演出し、又はその他の方法によって実演する者をいう。

(b) 「視聴覚的固定物」とは、動く影像（音又は音を表すものを伴うか否かを問わない。）の収録物であって、装置を用いることにより知覚し、再生し、又は伝達することができるものをいう。

(c) 「放送」とは、公衆によって受信されることを目的とする無線による音の送信、影像の送信、影像及び音の送信又はこれらを表すものの送信をいう。衛星によるこれらの送信も「放送」である。暗号化された信号の送信は、暗号解除の手段が放送機関により又はその同意を得て公衆に提供される場合には、「放送」である。

(d) 実演の「公衆への伝達」とは、固定されていない実演又は視聴覚的固定物に固定された実演を放送以外の媒体により公衆に送信することをいう。第十一条の規定の適用上、「公衆への伝達」は、視聴覚的固定物に固定された実演を公衆が見ること若しくは聴くこと又はその双方を行うことができるようにすることを含む。

第三条　保護の受益者

(1) 締約国は、他の締約国の国民である実演家に対して、この条約に基づいて認められる保護を与える。

(2) いずれの締約国の国民でもない実演家であっていずれかの締約国に常居所を有するものは、この条約の適用上、当該いずれかの締約国の国民とみなす。

第四条　内国民待遇

(1) 各締約国は、この条約において特に与えられる排他的権利及び第十一条に規定する衡平な報酬を請求する権利に関して自国民に与える待遇を、他の締約国の国民に与える。

(2) 締約国は、第十一条(1)及び(2)において与えられる権利に関し、この条の(1)の規定に基づき他の締約国の国民に与えられる保護の程度及び期間を、自国の国民が当該他の締約国において享有するそれらの権利と同等のものにまで限定することができる。

(3) (1)に規定する義務は、一の締約国について、他の締約国が第十一条(3)の規定によって認められている留保を付する場合には、その留保の範囲において適用せず、また、当該一の締約国が当該留保を付している場合にも、その留保の範囲において適用しない。

第五条　人格権

(1) 実演家は、その財産的権利とは別個に、当該財産的権利が移転された後においても、現に行っている実演及び視聴覚的固定物に固定された実演に関して、次の権利を有する。

(i) これらの実演に係る実演家であることを主張する権利（これらの実演を利用する態様により削除することがやむを得ない場合を除く。）

(ii) これらの実演の変更、切除その他の改変で、視聴覚的固定物の性質を十分に踏まえた上で自己の声望を害するおそれのあるものに対して、異議を申し立てる権利

(2) (1)の規定に基づいて実演家に認められる権利は、実演家の死後においても、少なくとも財産的権利が消滅するまで存続するものとし、保護が要求される締約国の法令により資格を与えられる人又は団体は、当該権利を行使することができるものとする。もっとも、この条約の批准又はこれへの加入の時に効力を有する法令において、(1)の規定に基づいて認められる権利の全てについて実演家の死後における保護を確保することを定めていない締約国は、それらの権利のうち一部の権利が実演家の死後は存続しないことを定めることができる。

(3) この条の規定に基づいて認められる権利を保全するための救済の方法は、保護が要求される締約国の法令の定めるところによる。

第六条　実演家の固定されていない実演に関する財産的権利

実演家は、その実演に関して、次のことを許諾する排他的権利を享有する。
(i) 固定されていない実演の放送又は公衆への伝達を行うこと（実演が既に放送されたものである場合を除く。）。
(ii) 固定されていない実演を固定すること。

第七条　複製権
実演家は、視聴覚的固定物に固定されたその実演について、直接又は間接に複製すること（その方法及び形式のいかんを問わない。）を許諾する排他的権利を享有する。

第八条　譲渡権
(1) 実演家は、視聴覚的固定物に固定されたその実演の原作品及び複製物について、販売その他の譲渡による公衆への供与を許諾する排他的権利を享有する。
(2) この条約のいかなる規定も、固定された実演の原作品又は複製物の販売その他の譲渡（実演家の許諾を得たものに限る。）が最初に行われた後における(1)の権利の消尽について、締約国が自由にその条件を定めることを妨げるものではない。

第九条　貸与権
(1) 実演家は、実演家自身による又は実演家の許諾に基づく譲渡の後も、締約国の国内法令の定めるところにより、視聴覚的固定物に固定されたその実演の原作品及び複製物について、公衆への商業的貸与を許諾する排他的権利を享有する。
(2) 締約国は、商業的貸与が実演家の排他的複製権を著しく侵害するような視聴覚的固定物の広範な複製をもたらしていない場合には、(1)の義務を免除される。

第一〇条　固定された実演の利用可能化権
実演家は、視聴覚的固定物に固定されたその実演について、有線又は無線の方法により、公衆のそれぞれが選択する場所及び時期において利用が可能となるような状態に置くことを許諾する排他的権利を享有する。

第一一条　放送及び公衆への伝達に関する権利

(1) 実演家は、視聴覚的固定物に固定されたその実演について、放送又は公衆への伝達を許諾する排他的権利を享有する。

(2) 締約国は、(1)に規定する許諾の権利の代わりに、視聴覚的固定物に固定された実演を放送又は公衆への伝達のために直接又は間接に利用することについて衡平な報酬を請求する権利を設定することを、世界知的所有権機関事務局長に寄託する通告において、宣言することができる。締約国は、また、当該衡平な報酬を請求する権利の行使に関する条件を自国の法令において定めることを宣言することができる。

(3) いずれの締約国も、(1)若しくは(2)の規定を特定の利用についてのみ適用すること、当該規定の適用を他の方法により制限すること又は(1)及び(2)の規定を適用しないことを、宣言することができる。

第一二条　権利の移転

(1) 締約国は、自国の国内法令において、実演家がその実演を視聴覚的固定物に固定することに同意した場合には、当該国内法令の定めるところにより実演家と当該視聴覚的固定物の製作者との間で締結される契約に別段の定めがない限り、第七条から前条までに規定する排他的な許諾の権利について、当該製作者が有し、若しくは行使すること又は当該製作者に移転することを定めることができる。

(2) 締約国は、自国の国内法令に基づいて製作される視聴覚的固定物に関し、(1)に規定する同意又は契約が書面によるものであること及び契約の両当事者又はその正当な委任を受けた代理人により署名されることを要件とすることができる。

(3) (1)に規定する排他的な許諾の権利の移転にかかわりなく、実演家に対し、この条約（特に前二条）の定めるところにより実演の利用についてロイヤルティ又は衡平な報酬を受け取る権利を、国内法令又は個別の、共同の若しくはその他の契約によって与えることができる。

第一三条　制限及び例外

(1) 締約国は、実演家の保護に関して、文学的及び美術的著作物の著作権の保護について国内法令に定めるものと同一の種類の制限又は例外を国内法令において定めることができる。

(2)　締約国は、この条約に定める権利の制限又は例外を、実演の通常の利用を妨げず、かつ、実演家の正当な利益を不当に害しない特別な場合に限定する。

第一四条　保護期間

この条約に基づいて実演家に与えられる保護期間は、実演が固定された年の終わりから少なくとも五十年とする。

第一五条　技術的手段に関する義務

締約国は、実演家によって許諾されておらず、かつ、法令で許容されていない行為がその実演について実行されることを抑制するための効果的な技術的手段であって、この条約に基づく権利の行使に関連して当該実演家が用いるものに関し、そのような技術的手段の回避を防ぐための適当な法的保護及び効果的な法的救済について定める。

第一六条　権利管理情報に関する義務

(1)　締約国は、この条約が対象とする権利の侵害を誘引し、可能にし、助長し、又は隠す結果となることを知りながら次に掲げる行為を故意に行う者がある場合に関し、適当かつ効果的な法的救済について定める。さらに、民事上の救済については、そのような結果となることを知ることができる合理的な理由を有しながら次に掲げる行為を故意に行う者がある場合に関しても、これを定める。

(i)　電磁的な権利管理情報を権限なく除去し、又は改変すること。

(ii)　電磁的な権利管理情報が権限なく除去され、又は改変されたことを知りながら、実演又は視聴覚的固定物に固定された実演の複製物を権限なく頒布し、頒布のために輸入し、放送し、公衆に伝達し、又は公衆による利用が可能となる状態に置くこと。

(2)　この条において「権利管理情報」とは、実演家、実演家の実演若しくは実演に係る権利を有する者を特定する情報又は実演の利用の条件に係る情報及びこれらの情報を表す数字又は符号をいう。ただし、これらの項目の情報が視聴覚的固定物に固定された実演に付される場合に限る。

第一七条　方式

この条約に定める権利の享有及び行使には、いかなる方式の履行も要しない。

第一八条　留保及び通告

(1)　第十一条(3)の規定が適用される場合を除くほか、この条約には、いかなる留保も付することができない。

(2)　第十一条(2)又は次条(2)の規定に基づく通告は、批准書又は加入書において行うことができるものとし、その効力は、当該通告を行った締約国についてこの条約が効力を生ずる日に生ずる。この通告は、その後においても行うことができるものとし、この場合には、当該通告は、世界知的所有権機関事務局長が当該通告を受領した後三箇月で又は当該通告において指定されたそれ以降の日に効力を生ずる。

第一九条　適用期間

(1)　締約国は、この条約が各締約国について効力を生ずる時に存在する固定された実演及びこの条約が各締約国について効力を生じた後に行われる全ての実演に対して、この条約に基づいて認められる保護を与える。

(2)　(1)の規定にかかわらず、締約国は、この条約が各締約国について効力を生ずる時に存在する固定された実演については、第七条から第十一条までの規定又はこれらの規定のうち一若しくは二以上の規定を適用しないことを、世界知的所有権機関事務局長に寄託する通告において、宣言することができる。他の締約国は、その宣言を行った締約国に関し、その宣言を行った規定の適用の対象を、この条約が当該宣言を行った締約国について効力を生じた後に行われた実演に限定することができる。

(3)　この条約に規定する保護は、この条約が各締約国について効力を生ずる前に行われた行為、締結された契約又は取得された権利に影響を及ぼすものではない。

(4)　締約国は、この条約が効力を生ずる前に実演について適法な行為を行った者が、この条約が当該締約国について効力を生じた後に、同じ実演について第五条及び第七条から第十一条までに規定する権利の対象となる行為を行うことができるよう、国内法令において経過規定を定めることができる。

第二〇条　権利行使の確保に関する規定

(1) 締約国は、自国の法制に従い、この条約の適用を確保するために必要な措置をとることを約束する。

(2) 締約国は、この条約が対象とする権利の侵害行為に対し効果的な措置（侵害を防止するための迅速な救済措置及び追加の侵害を抑止するための救済措置を含む。）がとられることを可能にするため、権利行使を確保するための手続を国内法令に基づいて確保する。

第二一条　総会

(1)(a) 締約国は、総会を設置する。

(b) 各締約国は、総会において、一人の代表によって代表されるものとし、代表は、代表代理、顧問及び専門家の補佐を受けることができる。

(c) 各代表団の費用は、その代表団を任命した締約国が負担する。総会は、世界知的所有権機関に対し、国際連合総会の確立された慣行に従って開発途上国とされている締約国及び市場経済への移行過程にある締約国の代表の参加を容易にするために財政的援助を与えることを要請することができる。

(2)(a) 総会は、この条約の存続及び発展並びにこの条約の適用及び運用に関する問題を取り扱う。

(b) 総会は、政府間機関が締約国となることの承認に関し、第二十三条(2)の規定により与えられる任務を遂行する。

(c) 総会は、この条約の改正のための外交会議の招集を決定し、当該外交会議の準備のために世界知的所有権機関事務局長に対して必要な指示を与える。

(3)(a) 国である締約国は、それぞれ一の票を有し、自国の名においてのみ投票する。

(b) 政府間機関である締約国は、当該政府間機関の構成国でこの条約の締約国である国の総数に等しい数の票により、当該構成国に代わって投票に参加することができる。当該政府間機関は、当該構成国のいずれかが自国の投票権を行使する場合には、投票に参加してはならない。また、当該政府間機関が自らの投票権を行使する場合には、当該構成国のいずれも投票に参加してはならない。

(4) 総会は、世界知的所有権機関事務局長の招集により会合するものとし、例外的な場合を除くほか、世界知的所有権機関の一般総会と同一期間中に同一の場所において会合する。

(5) 総会は、コンセンサス方式により決定を行うよう努めるものとし、臨時会期の招集、定足数、種々の決定を行う際に必要とされる多数（この条約の規定に従うことを条件とする。）その他の事項について手続規則を定める。

第二二条　国際事務局

世界知的所有権機関国際事務局は、この条約の管理業務を行う。

第二三条　この条約の締約国となる資格

(1) 世界知的所有権機関の加盟国は、この条約の締約国となることができる。

(2) 総会は、この条約が対象とする事項に関し権限を有し、及び当該事項に関しその全ての構成国を拘束する自らの法制を有する旨並びにこの条約の締結につきその内部手続に従って正当に委任を受けている旨を宣言する政府間機関が、この条約の締約国となることを認める決定を行うことができる。

(3) 欧州連合は、この条約を採択した外交会議において(2)に規定する宣言を行っており、この条約の締約国となることができる。

第二四条　この条約に基づく権利及び義務

各締約国は、この条約に別段の定めがある場合を除くほか、この条約に基づく全ての権利を享有し、全ての義務を負う。

第二五条　この条約の署名

この条約は、その採択の後一年間、世界知的所有権機関の本部において、この条約の締約国となる資格を有する国による署名のために開放しておく。

第二六条　この条約の効力発生

この条約は、第二十三条に規定するこの条約の締約国となる資格を有する国のうち三十の国が批准書又は加入書を寄託した後三箇月で効力を生ずる。

第二七条　締約国についてこの条約の効力が生ずる日

この条約は、次に掲げる日からこの条約の締約国となる資格を有する国を拘束する。

(i)　前条に規定するこの条約の締約国となる資格を有する三十の国については、この条約が効力を生じた日

(ii)　(i)の国以外の第二十三条に規定するこの条約の締約国となる資格を有する国については、当該国が世界知的所有権機関事務局長に批准書又は加入書を寄託した日から三箇月の期間が満了した日

第二八条　この条約の廃棄

いずれの締約国も、世界知的所有権機関事務局長に宛てた通告により、この条約を廃棄することができる。廃棄は、同事務局長がその通告を受領した日から一年で効力を生ずる。

第二九条　この条約の言語

(1)　この条約は、ひとしく正文である英語、アラビア語、中国語、フランス語、ロシア語及びスペイン語による原本一通について署名する。

(2)　世界知的所有権機関事務局長は、いずれかの関係国の要請により、全ての関係国と協議の上、(1)に規定する言語以外の言語による公定訳文を作成する。この(2)の規定の適用上、「関係国」とは、世界知的所有権機関の加盟国であって当該公定訳文の言語をその公用語又は公用語の一とするもの並びに欧州連合及びこの条約の締約国となることができる他の政府間機関であって当該公定訳文の言語をその公用語の一とするものをいう。

第三〇条　寄託者

この条約の寄託者は、世界知的所有権機関事務局長とする。

平成二十六年改正
特許法・著作権法等新旧条文対照表

2014年（平成26年）8月28日　初版　発行

編　集
発　行　一般社団法人発明推進協会

発　行　一般社団法人発明推進協会
東京都港区虎ノ門2－9－14
電話　東　京　03(3502)5433（編集）
　　　東　京　03(3502)5491（販売）
Fax.　東　京　03(5512)7567（販売）
印刷　株式会社丸井工文社
Printed in Japan

乱丁・落丁本（頁の順序が違うもの・頁が抜け落ちているもの）はお取替えいたします。

ISBN978-4-8271-1239-9　C3032